O ORIGINAL ALMANAQUE
DÚVIDA CRUEL

PRISCILA ARIDA

O ORIGINAL ALMANAQUE DÚVIDA CRUEL

CIP-Brasil. Catalogação-na-fonte
Sindicato Nacional dos Editores de Livros, RJ.

Arida, Priscila
A553o   O original almanaque dúvida cruel / Priscila Arida. – Rio de Janeiro: Record, 2004.
224p. :

Relacionada com: Oh! dúvida cruel v. I e II
ISBN 85-01-06965-5

1. Curiosidades e maravilhas. I. Título.

04-2136   CDD – 001.9
                              CDU – 001.9

Copyright © 2004 by Priscila Arida

Projeto gráfico: Marcelo Martinez

Direitos exclusivos desta edição reservados pela
DISTRIBUIDORA RECORD DE SERVIÇOS DE IMPRENSA S.A.
Rua Argentina, 171 – Rio de Janeiro, RJ – 20921-380 – Tel.: 2585-2000

Impresso no Brasil

ISBN 85-01-06965-5

PEDIDOS PELO REEMBOLSO POSTAL
Caixa Postal 23.052
Rio de Janeiro, RJ – 20922-970

EDITORA AFILIADA

Para Alice, minha mãe

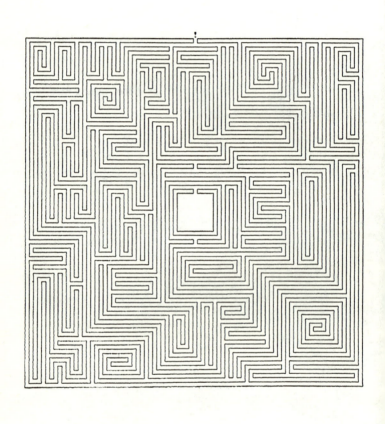

AS NOVE MUSAS

Clio *história* | Melpômene *tragédia* | Talia *comédia*
Caliope *poesia épica* | Urânia *astronomia*
Euterpe *música* | Terpsícore *dança e poesia lírica*
Polínea *poesia sacra* | Érato *poesia erótica*

As Nove Musas são as deusas gregas da literatura, das artes, da cultura e da inspiração. Filhas de Zeus e Mnemósine (memória), nasceram em Piera, ao pé do Monte Olimpo. Durante séculos, as Musas têm sido idolatradas e veneradas por sua contribuição à música, às artes, ao drama e à poesia (inclusive Platão e Aristóteles o fizeram). Tradicionalmente, os locais dedicados à glorificação dessas deusas eram conhecidos como *mouseion*, de onde derivou a palavra museu.

CADEIRA WASSILY

Em 1952, o arquiteto Marcel Breuer, inspirado na construção de uma bicicleta, decidiu fazer experiências com aço tubular. Criou assim a cadeira Wassily: uma estrutura que tem um contraste sofisticado entre a leveza do aço e as tiras de couro tracionadas. A cadeira foi assim chamada em homenagem a seu amigo da Bauhaus, o pintor Wassily Kandinsky

SAFÁRI

O termo safári, que remete a caçadas e aventuras, adquiriu no mundo todo um sentido diverso do seu original, pois a palavra árabe safar, da qual derivou, significa "viagem", simplesmente.

RASPUTIN

Rasputin quer dizer devasso, depravado. O verdadeiro nome do curandeiro russo é Grigory Yefimovich Novych. Nascido na Sibéria, tornou-se amigo da família do czar. Por meio de seus poderes hipnóticos, amenizava o sofrimento de Alexei, filho hemofílico da czarina Alexandrina Feodorovna. Com o tempo, Rasputin ganhou a confiança dos nobres e acabou amante da czarina. Ele pregava que a salvação da alma vinha pelo pecado. Um de seus princípios dizia que a exaustão sexual era um dos caminhos para se chegar a Deus. Alexandrina foi uma de suas seguidoras mais devotas. A influência que Rasputin exercia sobre os czares começou a incomodar os nobres russos, que decidiram liquidá-lo. Primeiro colocaram veneno em sua comida. Depois, recorreram às armas. Como Rasputin continuava vivo, jogaram-no em um rio gelado, chamado Neva, onde finalmente morreu afogado.

FALSOS AMIGOS
(PALAVRAS PARECIDAS,)
(SIGNIFICADOS DIFERENTES)

ESPANHOL	PORTUGUÊS
contestar	responder
todavía	ainda
aparato	aparelho
exquisito	excelente
papa	batata
pelo	cabelo
embarazada	grávida
torpe	desajeitado
entretanto	por enquanto
apellido	sobrenome
surdo	canhoto
por supuesto	claro, lógico
inversiones	investimentos
presunto	suposto
chorizo	salame
crianza	cria de animal
clase	aula
polvo	pó
sólo	sozinho
solo	apenas
pegar	bater
tirar	arremessar, jogar
presupuesto	orçamento
rato	momento
cachorro	filhote

? | 9

TUPI-GUARANI/PORTUGUÊS (A)

Abaeté › homem verdadeiro, honrado

Acaiaca › cedro, madeira de construção

Acre › nome do rio que banha esta região, rio Akiry

Aguá › tumor, inchaço

Aimoré › nome de uma espécie de macaco ou de uma tribo

Amapá › árvore ribeirinha, cujo látex é medicinal

Anhangabaú › rio dos malefícios, do diabo. Este rio transbordava anualmente e das suas águas vinham febres, maleitas, tifos, males atribuídos ao diabo.

Anhanguera › o diabo que já foi diabo, que está velho e não tem mais tanto poder maléfico.

Aracaju › a época do caju. Ara é tempo, estação

Araçatuba › lugar, sítio dos araçás

Araçoyaba › o anteparo contra o tempo, a coberta, o que faz sombra

Araraquara › o refúgio ou hábitat das araras

Araxá › a vista do mundo, o panorama

Aricanduva › o lugar onde há palmeiras airis

Arujá › rio abundante em guarus

Atibaia › o lugar saudável onde havia muitos pássaros atis

Avanhadava › a corrida do homem para evitar os perigos

Avaré › o padre que, por causa da batina, era considerado um homem diferente dos outros

A SEMANA DE ARTE DE 1922

A Semana de Arte Moderna ocorreu entre 13 e 18 de fevereiro de 1922, no Teatro Municipal de São Paulo, com a participação de artistas do Rio de Janeiro e de São Paulo.

Temos uma boca e dois ouvidos, mas jamais nos comportamos proporcionalmente.
PROVÉRBIO CHINÊS

CAVALOS FAMOSOS E SEUS CAVALEIROS

Tornado *Zorro* | Lamri *Rei Artur*
Magnólia *George Washington* | Rocinante *Dom Quixote*
Silver *Lone Ranger* | Arion *Hércules* | Kantaka *Buda*
Fubuki *Imperador Hiroíto* | Bucefalus *Alexandre, o Grande*
Trigger *Roy Rogers* | Marengo* *Napoleão*

*A égua Marengo foi capturada pelos ingleses. Ela viveu oito anos a mais que Napoleão, e seu esqueleto está preservado no National Army Museum de Londres. Uma caixinha de rapé foi feita de um de seus cascos.

DE QUANTO VINHO
VOCÊ PRECISA?

A fórmula abaixo serve para determinar com segurança a quantidade de vinho que se deve comprar para festas de grandes proporções. Para 25 pessoas ou mais, se a festa durar:

Um jantar..............................360 ml por pessoa

1-2 horas..............................180 ml por pessoa

2-3 horas..............................240 ml por pessoa

3-4 horas..............................300 ml por pessoa

QUANTOS DRINQUES
HÁ EM UMA GARRAFA?

	750 ml	1 litro	1,5 litro	1,75 ml	3 litros
BEBIDA DESTILADA (45ML CADA)	16	22	–	39	–
VINHO OU CHAMPAGNE (150ML CADA)	5	–	10	–	20

*"Filho é como videogame: a próxima fase
é sempre a mais difícil."*

ANÔNIMO

RÓTULO DO VINHO

1. Áreas de viticultura | 2. Nome da marca
3. Designação da qualidade | 4. Engarrafada na propriedade | 5. Nome do vinho | 6. Tipo
7. Álcool por volume | 8. Informação sobre o engarrafador | 9. Vinha de origem

ILUSÃO DE CONTRASTE

Os pontos brancos na intersecção das linhas são mais luminosos que os quadrados brancos da trama?

Explicação na página 204

ATEU X AGNÓSTICO

Ateu é aquele que não acredita em Deus ou em deuses. De forma simplificada, o agnóstico é aquele que julga que a comprovação da existência de Deus está além das suas possibilidades. Por isso, ele nem crê em Deus, nem descrê. *Agnóstos*, do grego, significa desconhecido, sem provas.

ABREVIAÇÕES LATINAS

AD *(Anno Domini)* › ano do Senhor (Era Cristã); equivale a d.C. — depois de Cristo

ad lib. *(ad libitum)* › segundo a vontade, o arbítrio

ad loc. *(ad locum)* › indica o lugar a que se refere

a.m. *(ante meridiem)* › antes do meio-dia

ca. ou c. *(circa)* › ao redor de

cf. *(confer)* › comparar com

DV *(Deo volente)* › Deus queira

et al. *(et alii)* › e outras coisas

etc. *(etcetera)* › e assim por diante

fl. *(floruit)* › estar na flor da idade

ibid. *(ibidem)* › no mesmo ponto, na mesma coisa

i.e. *(id est)* › isto é

loc. cit. *(loco citato)* › em lugar previamente citado

MO *(modus operandi)* › modo de operação

nem. con. *(nemine contradicente)* › unanimemente

non seq. *(non sequitur)* › não segue

op. *(opus)* › trabalho, obra
op. cit. *(opere citato)* › em trabalho já mencionado
p.a. *(per annum)* › por ano
p.m. *(post meridiem)* › depois do meio-dia
pp *(per pro)* › em benefício de, em prol de
pro tem. *(pro tempore)* › temporariamente
p.s. *(post scriptum)* › escrito depois
q.e.d. *(quod erat demonstrandum)* › assim provado
q.v. *(quod vide)* › referente a um trecho de uma obra
RIP *(requiescat in pace)* › descanse em paz
sic *(sic)* › assim, literalmente
v. *(vide)* › ver
v. inf. *(vide infra)* › veja abaixo
vox pop. *(vox populi)* › a voz do povo
vs. *(versus)* › contra

BALANGANDÃ

O termo balangandã, surgido em Salvador, refere-se à coleção de ornamentos de prata ou ouro que as negras trazem pendurados na cintura em dias de festa, especialmente na comemoração de Nosso Senhor do Bonfim. Entre as miniaturas encontram-se figas, corações, chaves, cadeados, dentes, frutos, bichos, penas, sapatinhos, tesouras e campainhas, todas reunidas numa argola de metal. Esses amuletos têm como função afastar o mau-olhado e as forças inimigas, que vivem no ar e, acredita-se, são conduzidas por pessoas desafetas.

EU TE AMO

Africâner *Ek het jou lief* | Alemão *Ich liebe dich*

Árabe *Ohhe-buk* | Birmanês *Nin ko nga chitde; Chit pa de*

Cantonês *Ngor oi ley* | Catalão *T'estimo*

Curdo *Khoshim awée* | Espanhol *Te amo*

Esperanto *Mi amas vin* | Finlandês *Minä rakastan sinua*

Francês *Je t'aime* | Gaélico *Tha gradh agam ort*

Galês *'Rwy'n dy garu di* | Grego antigo *Se erotao*

Havaiano *Aloha i'a au oe; Aloha au la o'e*

Hebraico *Ani ohev otach* | Hindi *Mai tumaha pyar karta hu*

Holandês *Ik hou van je* | Iidiche *Ikh hob dikh lib*

Inglês *I love you* | Italiano *Ti amo*

Japonês *Aishite imasu* | Latim *Te amo*

Lituano *As tave myliu* | Persa *Mahn dousset daram*

Polonês *Kocham cie* | Romeno *Te ubesc*

Russo *Ya tebya lyublyu* | Servo-croata *Volim te; Ljubim te*

Sueco *Jag älskar dig* | Suiço-alemão *I Chaa di Gärn*

Tailandês *Phom Rak Khun* | Turco *Seni seviyorum*

Urdu *Mi-an aap say piyar karta hun* | Zulu *Ngiya kuthanda*

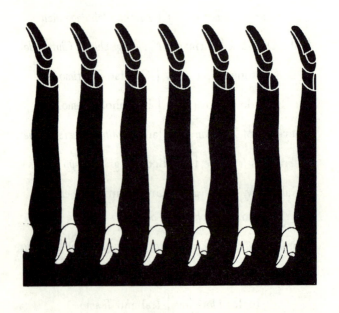

TANGO

O tango moderno apareceu em 1880, na Argentina. A dança nada mais é que a combinação entre o velho tango da Espanha, uma variedade do flamenco, e da milonga, dança argentina rápida e sensual. No início, o tango era considerado uma dança de classes sociais mais baixas, entrando para o círculo das elites no começo do século.

ATENÇÃO

salsicha, e NÃO *salchicha*

privilégio, e NÃO *previlégio*

kafkiano, e NÃO *kafkaniano*

geminada, e NÃO *germinada*

irrequieto, e NÃO *irriquieto*

sobrancelha, e NÃO *sombrancelha*

beneficente, e NÃO *beneficiente*

verruga, e NÃO *berruga*

corriola, e NÃO *curriola*

dedetizado, e NÃO *detetizado*

torácico, e NÃO *toráxico*

losango, e NÃO *losângulo*

besouro, e NÃO *bezorro*

doçaria, e NÃO *doceria*

chimpanzé, e NÃO *chipanzé*

cuspe, e NÃO *guspe*

subsídio, e NÃO *subzídio*

cérebro, e NÃO *célebro*

pílula, e NÃO *pirula*

caramanchão, e NÃO *carramanchão*

supérfluo, e NÃO *supérfulo*

mendigo, e NÃO *mendingo*

disenteria, e NÃO *desinteria*

GARFO IMPOSSÍVEL

Quantas pontas você é capaz de contar? Tape a metade do desenho e verá como a figura é possível. Porém, se você destapá-la, é impossível. Não se sabe quem é o autor da obra, que apareceu pela primeira vez no ano de 1964 em diversas publicações.

PLACEBO

Placebo vem do latim *placere* e quer dizer agradar. Trata-se de uma forma farmacêutica, um medicamento inócuo, sem efeito. Ele tem a mesma aparência de um remédio ativo. Os pacientes que tomam um placebo e obtêm algum resultado melhoram por auto-sugestão.

FUNCIONAMENTO DE UM FORNO DE MICROONDAS

1) O magnétron existente dentro do forno é uma válvula que produz um feixe de microondas e as espalha através de um ventilador em todas as direções.

2) As microondas atingem as moléculas de água da comida.

3) As moléculas de água giram e invertem seu alinhamento dentro da comida.

4) O movimento de constante rotação das moléculas microscópicas na comida gera o calor que a cozinha.

REEBOK

O nome dado à companhia refere-se a uma gazela africana, cujo espírito, velocidade e graça deveriam ser captados em seus tênis, roupas e artigos esportivos.

TRAJES DE FESTA

Traje Esporte ⟩ Usado em eventos como batizados, almoços, exposições. É o mais simples e informal. Para as mulheres, calças, camisetas coloridas, camisas, vestidos de alça, saias, suéteres, mocassins, terninhos esportivos. Tecidos: crepe, algodão, linho, veludo, camurça e malha. Para os homens, calças de brim ou gabardine cáqui, jeans, camisas e pólos, mocassins esportivos e botas de camurça.

Traje Passeio ou Esporte Fino ⟩ Típico de *vernis-sages*, almoços, conferências, teatro. É um pouco mais formal. Para as mulheres, até às 18 horas, prevalecem pantalonas, túnicas, tailleurs de calça ou saia com blazer e bolsas esportivas, mas não muito grandes. Os eventos noturnos pedem um pretinho com salto alto e bolsa pequena. Tecidos: seda, microfibra, linho, algodão e jérsei. Já os homens devem usar ternos com gravata, mas até as 18 horas são permitidas calças esportivas acompanhadas de blazer escuro, mocassins e ternos claros sem gravata.

Traje Passeio Completo ou Social › Aqui predomina a formalidade presente em eventos como jantares, coquetéis, óperas e grandes comemorações. Para as mulheres, conjuntos de crepe, tailleurs de seda, vestidos de musseline, decotes e fendas discretos e vestidos de alça, com bordados sutis. Além disso, usam-se bolsas pequenas, sapatos ou sandálias de salto alto (com meias finas), xales e echarpes de tecidos nobres. Para os homens, terno de padrão único escuro, com camisa social, gravata e sapato preto.

Traje Black-Tie ou Rigor › São roupas para noites de gala. Para as mulheres, vestidos longos ou curtos sofisticados. Valem decotes profundos, brilhos, bordados e transparências. Saltos altos, meias finíssimas, carteiras e bolsinhas de metal. Pode-se usar uma grande echarpe, estola ou mantô do tecido do vestido. Tecidos: brocados, metalizados, tafetás de seda, shantungs, georgettes. Para os homens, smoking e sapatos lisos de verniz ou pretos de amarrar.

AS MAIORES ILHAS

ILHA   ÁREA(KM^2)/SOBERANIA

Groenlândia.............................2.175 › Dinamarca

Nova Guiné.....818 › Papua-Nova Guiné, Indonésia

Bornéu...............750 › Indonésia, Malásia, Brunei

Madagascar...........................590 › Rep. Malgaxe

Ilha de Baffin..................................492 › Canadá

Sumatra.......................................425 › Indonésia

Honshu..230 › Japão

Grã-Bretanha........................228 › Grã-Bretanha

Ilha Vitória.....................................208 › Canadá

Ellesmere..198 › Canadá

Sulawesi.......................................189 › Indonésia

Ilha do Sul...........................150 › Nova Zelândia

Java...132 › Indonésia

Ilha do Norte.........................114 › Nova Zelândia

Cuba...114 › Cuba

Terranova...110 › Canadá

Luzon...104 › Filipinas

Islândia...102 › Islândia

Mindanao..94 › Filipinas

Novaya Zemlya....................................90 › Rússia

QUADROS FAMOSOS

Noite estrelada, 1889
Vincent Van Gogh, holandês
MoMA - Nova York.

IMPRESSÃO DIGITAL

Nascido no Império Austro-Húngaro, em meados do século XIX, Juan Vucetich foi o criador do sistema de identificação de pessoas através das impressões digitais. Poucos anos depois de ingressar na polícia de Buenos Aires, ele realizou a façanha e, em 1891, ocorreu pela primeira vez no mundo uma condenação com base nas impressões digitais, que foi a de Francisca Rojas, por duplo filicídio. Vucetich aposentou-se do cargo público em 1912 para viajar pelo mundo, difundindo e explicando seu sistema.

POMO DA DISCÓRDIA

É a causa principal de uma discussão. Segundo a mitologia grega, houve uma grande festa no Olimpo, por ocasião do casamento do rei Peleus com a deusa Tétis, para o qual todos foram convidados, exceto Eris, a deusa da discórdia. Irada, Eris decidiu plantar a discórdia no melhor da festa, quando Tétis atirou uma maçã cuja inscrição dizia "para a mais bela". As deusas então começaram a brigar, pois todas se achavam donas do fruto. A partir disso, Páris, príncipe de Tróia, foi designado para fazer a escolha e deu a maçã a Afrodite, o que em nada agradou as outras mulheres presentes.

TRAVA LÍNGUA

Ninho de mafagafos
Num ninho de mafagafos
há cinco mafagafinhos.
Quem os desmafagafizar,
bom desmafagafizador será.

O Sapo no Saco
Olha o sapo dentro do saco,
o saco com o sapo dentro,
o sapo batendo papo
e o papo soltando vento.

ABRACADABRA

Esta palavra nos remete à infância. Usada por tantos mágicos e ilusionistas, tem sido uma palavra cabalística, associada a magia e superstição. Acredita-se que o primeiro exemplo escrito da palavra Abracadabra esteja no poema *Praecepta de Medicina*, do escritor Q. Severus Sammonicus, no século II. Foi muito usada em amuletos. Acreditava-se que, quando escrita na forma triangular, adquiriria poderes curativos através da repetição das letras ABRA — possível referência às palavras hebraicas Ab, Ben, Rauch Acadosh, que significam Pai, Filho e Espírito Santo, uma trindade divina.

```
A B R A C A D A B R A
 A B R A C A D A B R
  A B R A C A D A B
   A B R A C A D A
    A B R A C A D
     A B R A C A
      A B R A C
       A B R A
        A B R
         A B
          A
```

? | 27

DADOS ELÉTRICOS

PAÍS	VOLTAGEM
África do Sul	220/230V
Alemanha	230V
Austrália	240V
Áustria	230V
Bélgica	230V
Brasil	110/127/220V
Canadá	120/240V
China	220V
Espanha	230V
Estados Unidos	120/240V
França	230V
Hong Kong	200/220V
Irlanda	230V
Israel	230V
Itália	220V
Jamaica	110/220V
Jordânia	230V
Suíça	230V

PATO OU COELHO?

? | 28

OMBUDSMAN

O nórdico "umbothsmatr" (responsável) gerou a palavra sueca *ombudsman*, que quer dizer "encarregado de uma tarefa". Na Suécia do século XIX, o ombudsman era responsável por receber as reclamações do povo contra órgãos públicos e seus funcionários. No século XX, a função se estendeu a jornais e empresas, onde o funcionário tornou-se porta-voz de leitores e consumidores, mesmo que suas palavras divergissem dos princípios de seus contratantes.

MARSUPIAL

A principal característica deste mamífero é a existência de uma bolsa, denominada marsúpio, formada por um dobramento da pele do ventre das fêmeas. Os filhotes marsupiais nascem numa etapa muito prematura do desenvolvimento. Após seu nascimento, o filhote introduz-se no marsúpio da mãe onde estão localizadas as glândulas mamárias, completando assim seu desenvolvimento. A grande maioria das espécies de marsupiais vive na Austrália, como o canguru e muitos outros. No Brasil os representantes mais conhecidos são os gambás e as cuícas.

UMA ILUSÃO SIMPLES

Será que todos os segmentos têm a mesma medida?

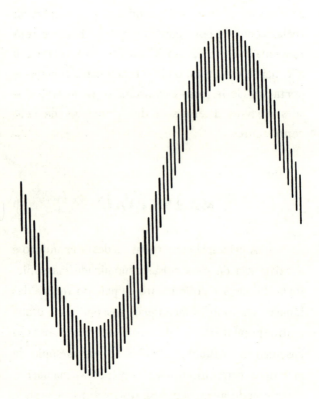

Explicação na página 204

? | 30

MARIA: NOME DE RAINHA

Maria Antonieta (França), Maria Stuart (Escócia), Maria Leopoldina (Portugal), Maria Tudor (Inglaterra), Maria de Anjou (França), Maria I, a Piedosa (Portugal), Maria Carolina (Nápoles), Maria Leszczinska (França), Maria Teresa de Áustria (Hungria e Boêmia), Maria II (Portugal), Maria Bárbara (Espanha), Maria Cristina de Bourbon (Espanha), Maria Cristina de Lorena-Áustria (Espanha), Maria de Médicis (França), Maria de Inglaterra (França), Maria de Lorena (Escócia), Maria (Portugal), Maria Amélia de Bourbon (França), Maria Sofia de Neuburgo (Portugal), Maria Francisca Isabel de Sabóia (Portugal), Maria Pia de Sabóia (Portugal), Maria de Borgonha (França)

OUTRAS MARIAS:

Maria Sklodwska (Madame Curie), *desco-bridora do rádio e duas vezes Prêmio Nobel: em 1903 e 1911.*

Virgem Maria

Maria Galante, *uma das Pequenas Antilhas, perto de Guadalupe*

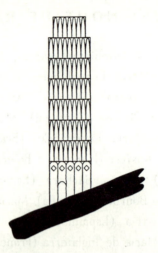

TERMOS JURÍDICOS

Ação Cautelar › ação que visa prevenir a eficácia futura do processo principal com o qual se relaciona, acautelando, em caráter liminar e provisório, determinadas situações que serão decididas, em definitivo, no feito principal.

Ação de Reintegração de Posse › ação movida pelo possuidor de um bem móvel ou imóvel com o objetivo de reaver aquilo que lhe foi tirado.

Acareação › técnica utilizada para apurar-se a verdade no depoimento de testemunhas, no caso de haver divergências ou contradições. As testemunhas são colocadas umas na presença das outras para a discussão do tema.

Adendo ⟩ adiantamento ou acréscimo feito a qualquer ato escrito já concluído, mas no qual houve uma omissão ou que necessita de um complemento.

Adjudicação ⟩ ato judicial que estabelece e declara que a propriedade de um bem penhorado é transferida de seu primitivo dono para o credor, que assume sobre o bem todos os direitos de domínio e posse. Também significa a conferência da herança a um único herdeiro.

Aduana ⟩ sinônimo de alfândega, designa o próprio lugar em que são pagos os impostos devidos pela entrada de mercadorias provenientes de outros países.

Agravo de Instrumento ⟩ recurso cabível das decisões proferidas durante o processo.

Alçada ⟩ limite de jurisdição. Significa a competência atribuída ao juiz, em face do valor da causa proposta ou segundo critérios outros.

Alvará ⟩ ordem expedida por uma autoridade em favor de alguém, certificando, autorizando ou determinando atos ou direitos.

Anistia ⟩ perdão geral; ato pelo qual o poder público extingue a culpa de todos que tenham cometido determinados delitos.

Apelação › é o recurso que se interpõe contra a decisão definitiva de primeira instância para outra, com o fim de pleitear a modificação total ou parcial da sentença com que a parte não se conformou.

Apropriação Indébita › ato de apropriar-se de coisa alheia móvel para proveito próprio ou de terceiro.

Arrendamento › contrato pelo qual uma pessoa, dona de bens móveis ou imóveis, entrega a outrem, mediante contribuição e prazo fixos, o uso e gozo do bem.

Asilo Político › proteção que o Estado concede a estrangeiros perseguidos por outras nações por causa de crimes políticos ou por defenderem opiniões contrárias às dos governantes.

Audiência › comparecimento das partes, seus advogados e/ou testemunhas, perante o juiz que processa a respectiva ação em que contendem as primeiras.

Cassação › anulação ou retirada de autorização ou licença anterior, cancelamento da permissão anterior.

Citação › ato processual utilizado pelo Poder Judiciário para dar à pessoa conhecimento da ação, convocando-a para manifestar-se em juízo.

? | 34

Comarca > designa o território compreendido pelos limites em que se encerra a jurisdição de um juiz de Direito.

Concordata > acerto judicial realizado entre o comerciante e seus credores, pelo qual estes são levados a conceder uma dilatação de prazo para o pagamento da divida, com ou sem redução do montante devido.

Crime Hediondo > aquele que, por sua gravidade, não dá direito a anistia, graça, indulto, fiança e liberdade provisória, sendo a pena cumprida integralmente em regime fechado.

Defensoria Pública > instituição de caráter público, destinada a proporcionar assistência jurídica integral e gratuita às pessoas necessitadas.

Embargo > impedimento, obstáculo ou embaraço posto em prática por uma pessoa para evitar que outra possa agir ou fazer algo que não é de seu interesse ou lhe contraria um direito.

Falência > é a situação do comerciante que falhou no pagamento de obrigações líquidas a que estava vinculado.

Fisco › órgão da Administração Pública cuja função é cobrar e arrecadar os impostos devidos à Fazenda, bem como de zelar pelo fiel cumprimento das leis fazendárias.

Habeas Corpus › garantia constitucional para proteger o direito individual de liberdade de locomoção ou de permanência em um local, em caso de ameaça de ilegalidade ou abuso de poder.

Hasta Pública › praça, leilão, arrematação, venda judicial de imóveis.

Hipoteca › penhora, bem entregue pelo devedor, por exigência do credor, como garantia de uma obrigação.

Intimação › ordem de autoridade pública apresentada a alguém para que faça ou deixe de fazer algo.

Isenção Fiscal › dispensa legal do pagamento de um tributo.

Mandado › ordem judicial em que o juiz obriga que se tome medida contra seu destinatário.

Mandato › procuração.

Medida Provisória ❯ diploma legal de competência exclusiva do Poder Executivo Federal, que pode ser emitido em casos de relevância e urgência, dotado de força de lei, mas sujeito à aprovação do Congresso Nacional.

Ministério Público ❯ órgão incumbido de defender os interesses da sociedade e de fiscalizar a aplicação e execução das leis.

Pátrio Poder ❯ hoje Poder Parental, é o conjunto de poderes e direitos legalmente outorgados aos pais sobre os filhos menores e seus bens.

Penhora ❯ ato judicial pelo qual se tomam os bens do devedor, para com eles realizar o pagamento da dívida.

Prescrição ❯ perda do direito de ação em face do transcurso de um prazo legal.

Tribunal de Contas ❯ órgão ligado ao Poder Legislativo, cuja finalidade é fiscalizar e verificar as contas do orçamento utilizado pelo Poder Executivo.

Usucapião ❯ aquisição de propriedade, resultante da posse pacífica e incontestada de um bem durante um prazo fixado por lei.

Valor da Causa ❯ significa a soma que representa o valor do pedido ou da pretensão do autor em sua petição.

A MESA DE SHEPARD

As duas mesas são absolutamente idênticas em tamanho (comprimento e largura)! Se você não acredita, meça as superfícies com uma régua e comprove.

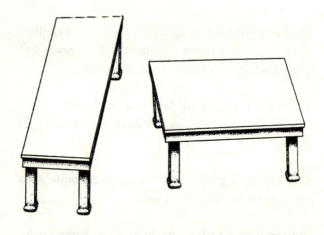

Explicação na página 204

A vida é uma doença sexualmente transmissível, que tem cem por cento de taxa de mortalidade.
R. D. LAING

QUADROS FAMOSOS

Nu descendo a escada, 1912
Marcel Duchamp, *francês*
Museu de Arte - Filadélfia.

FASE GAUCHE

Fase Gauche é o nome dado ao primeiro período da obra poética de Carlos Drummond de Andrade (anos 30). A característica básica dessa fase é o gauchismo presente em seus poemas. A palavra francesa *gauche* significa "lado esquerdo", e quando associada ao indivíduo indica aquele que é torto, de comportamento diferente, incapaz de estabelecer uma comunicação com a realidade que o rodeia. Os traços mais aparentes desse período da sua poesia são o isolamento, o pessimismo, o individualismo e a reflexão existencial.

BAILE DA ILHA FISCAL:
FARTURA AO FIM DO IMPÉRIO

O baile da Ilha Fiscal foi o último baile do Império, promovido em 1889 por D. Pedro II (para o governo e a nobreza), como uma tentativa de conter os ânimos dos republicanos e provar que a monarquia continuava sólida. Na realidade, foi uma comemoração de despedida, pois menos de uma semana depois foi proclamada a República no Brasil. Apesar da crise econômica, a obtenção de recursos para a festa foi rápida e fácil, já que metade da verba destinada aos flagelados da seca no Nordeste serviu para custear parte da grande atração da noite: o bufê.

INGREDIENTES DO BANQUETE

3 mil sopas de 22 qualidades

50 peixes grandes

800 latas de lagosta

800 kg de camarão

500 tigelas de ostras

100 latas de salmão

3 mil latas de ervilhas

1.200 latas de aspargos

400 saladas diferentes

200 maioneses

800 latas de trufas

12 mil frituras

3.500 peças de caça miúda

1.500 costeletas de carneiro

1.300 frangos

250 galinhas

500 perus

800 inhambus

50 macucos

300 presuntos

64 faisões

80 marrecos

12 cabritos

600 gelatinas

300 pudins

800 pratos de pastelaria

400 doces de fios de ovos

20 mil sanduiches diversos

14 mil sorvetes

50 mil quilos de frutas

10 mil litros de cerveja

188 caixas de vinhos diversos

80 caixas de champagne

10 caixas de vermute francês e italiano

16 caixas de licores e conhaques

100 caixas de água mineral

além da grande quantidade de flores

DETALHE: Tudo isso e um único banheiro...

TUPI-GUARANI/PORTUGUÊS (B)

Babaca › aquilo que se mexe, que se vira
Bauru › de *ybá-urú*, cesto de frutas
Berigui › mosquitinho
Biboca › de *yby-oca*, buraco da terra, do chão/ casa de barro
Bocaina › depressão aberta numa serra
Boracéia › festa
Boytuva › de *boy*, cobra; *tyba*, lugar onde há muitas cobras
Butantã › lugar, terra; tã-tã duríssima

O passado é o futuro usado.
MILLÔR FERNANDES

GINSENG

No Extremo Oriente, o ginseng é a droga mais conhecida devido a sua dupla propriedade: a forma humana da raiz e o valor terapêutico, equilibrante. A raiz aromática possui um gosto adocicado, semelhante ao do alcaçuz. Os orientais comparam seu efeito sobre o organismo ao de uma atividade celeste, tornando-o um símbolo de virilidade e imortalidade.

CAVIAR

A palavra caviar deriva da palavra persa para designar ovas de peixe: *khavia*. Tradicionalmente, três espécies de esturjão são pescadas para o caviar: Beluga, Osietra e Sevruga.

MINHA VÓ TEM MUITAS JÓIAS SEMPRE USA NO PESCOÇO

M › *Mercúrio*
V › *Vênus*
T › *Terra*
M › *Marte*
J › *Júpiter*
S › *Saturno*
U › *Urano*
N › *Netuno*
P › *Plutão*

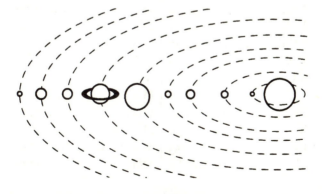

MÓBILE

Em 1934, Alexander Calder criou os primeiros móbiles, pedaços de lata suspensos em cordas finas, que balançavam ao menor sinal de uma corrente de ar.

ALGARISMOS ROMANOS

I	1	LXX	70
II	2	LXXX	80
III	3	LXXXVIII	88
IV	4	XC	90
V	5	XCIX	99
VI	6	C	100
VII	7	CX	110
VIII	8	CXI	111
IX	9	CXC	190
X	10	CC	200
XI	11	CCXX	220
XII	12	CCC	300
XIII	13	CCCXX	320
XIV	14	CD	400
XV	15	D	500
XVI	16	DC	600
XVII	17	DCC	700
XVIII	18	DCCC	800
XIX	19	CM	900
XX	20	XM	990
XXX	30	M	1000
XL	40	MD	1500
L	50	MDCCC	1800
LV	55	MCMLXX	1970
LX	60	MM	2000

PONTE AÉREA

A primeira ponte aérea brasileira foi entre o Rio de Janeiro e São Paulo. Há indícios de que o idealizador do vôo foi o comandante Lineu Gomes.

TAE KWON DO

Luta de origem coreana e de longa tradição. Seus movimentos imitam os gestos dos caçadores, que usavam os pés para se defender de possíveis ataques de animais. Por volta do século VII, os chefes militares da Coréia adotaram as técnicas no treinamento de soldados. O nome *tae kwon do* significa "caminho dos pés e das mãos". Hoje é praticado como esporte.

JIU-JÍTSU

Apesar do nome japonês, que quer dizer "técnica suave", o jiu-jitsu surgiu na Índia há dois mil e quinhentos anos, como um conjunto de técnicas de defesa pessoal aplicado por monges budistas. Estes se tornavam presas fáceis de assaltantes durante suas peregrinações para difundir a fé e, uma vez que Buda condenava o uso de armas, aprenderam a defender-se utilizando somente o corpo. Hoje, o principal objetivo do esporte é derrubar o adversário e torcer alguma parte de seu corpo até ele avisar que foi vencido.

KUNG FU

Esta arte marcial, que foi difundida nos filmes de Bruce Lee, originou-se na China. Seu nome significa "trabalho contínuo". Primeiramente chamada de *wushu*, a luta teve seu nome modificado após o contato com o Ocidente. Os mais de trinta estilos de kung fu existentes fazem uso de armas e da imitação de animais como o tigre, a garça, a cobra, entre outros. Os gestos delicados que caracterizam o combate, no entanto, não tornam os golpes menos demolidores e eficazes.

CARROS FAMOSOS E SEUS DESIGNERS

CORVETTE STING RAY
Bill Mitchell | Estados Unidos | 1962

FERRARI TESTAROSSA
Pininfarina | Itália | 1984

BMW 1800
Michelotti | Itália | 1961

MASERATI MISTRAL
Pietro Frua | Itália | 1965

LAMBORGHINI DIABLO
Marcello Gandini | Itália | 1990

ASTON MARTIN DB4
Giorgio Giugiaro | Itália | 1961

JAGUAR XJR-15
Peter Stevens | Inglaterra | 1990

PORSCHE CAYENNE
Harm Lagaay | Holandês | 2000

AUDI ROSEMEYER
Peter Schreyer | Alemanha | 2001

ALOÉ VERA

A Aloé Vera, popularmente conhecida como babosa, é uma planta suculenta que pertence à família das liláceas. Rica em nutrientes e substâncias biologicamente ativas, a planta da saúde e da beleza possui seu uso documentado desde os tempos mais remotos, em citações da Bíblia, documentos fenícios e no Egito antigo. A Aloé Vera, típica de clima quente e seco, apresenta um conjunto de propriedades que a tornam propícia para os cuidados da pele e tratamento de doenças:

> hidratante e cicatrizante
> regeneradora celular
> antiinflamatória
> energética e nutritiva
> fungicida, bactericida e antiviral
> digestiva e desintoxicante

BIRIBA

Biriba, um cachorro, era o jogador mais importante do Botafogo do Rio na década de 1940. Quando o time estava perdendo, soltavam o cão no campo durante os intervalos para quebrar o ritmo do adversário. Assim, acreditava-se que o Botafogo ganhava considerável vantagem psicológica, e Biriba recebia prêmios e os melhores quitutes do cozinheiro do clube.

NONADA

Guimarães Rosa foi um grande criador de palavras novas. A primeira palavra de seu livro *Grande Sertão: Veredas*, nonada, é um neologismo, ou seja, uma palavra inventada pelo autor para demonstrar algo que é insignificante, uma ninharia. Outros exemplos:

Aboborar › estar deitado

Adormorrer › morrer dormindo

Bedelengar › badalar (o sino)

Bembaratar › gastar; empregar de forma conveniente

Boólatra › amante de bois

Brisbrisar › soprar a brisa

Carantonha › cara feia e grande

Destamanho › muito grande

Discardume › dispersão do cardume

Escafuar › fazer sair, escafeder

Estramontar › ficar desorientado, perder a tramontana

Extraordem › fora do comum

Fazejo › acostumado, à vontade, a gosto

Fluifim › pequenino, gracioso

Friúme › frio

Gateza › agilidade, ligeireza semelhante à de gato

Izinvernar › passar o inverno, época das chuvas

Lagalhé › João-ninguém, indivíduo insignificante

? | 48

Luzluzir › fazer reluzir

Mananta › chefe, maioral

Mangonha › astúcia, manha

Muquirana › espécie de piolho

Nédio › gordo, de pele lustrosa

Ousoso › ousado, rápido

Parapatas › confusão, dificuldade

Peitavento › peitar o vento

Potoca › mentira, lorota

Proposituído › propósito estabelecido

Quiriri › sonolência

Repimpar › acomodar-se

Ressupino › deitado de costas

Safirento › agitado, excitado, assanhado

Sanhudo › furioso, insaciável

Sofismudo › desconfiado, calado

Sofralda › sopé da montanha

Tantamente › muito, tanto

Taramelagem › tagarelice, falatório

PÉ-RAPADO

É o miserável, que não tem dinheiro para nada. Provavelmente a denominação surgiu de um hábito usual dos que andam de pés descalços, em terrenos lamacentos: o de limpar a sola do pé raspando-a com uma faca. Isto porque de nada adiantaria lavar os pés para, momentos depois, colocá-los novamente no chão sujo.

pH

O pH é o índice de acidez ou alcalinidade de uma substância.

pH APROXIMADO

suco gástrico...0,9 – 1,8
refrigerante..2,0 – 4,0
suco de limão...2,2 – 2,4
vinagre..2,4 – 3,4
suco de laranja...2,6 – 4,4
café..5,0 – 5,1
urina..5,5 – 7,5
chuva (sem poluição)................................ 6,2
leite...6,3 – 6,6
saliva...6,5 – 7,5
água pura...7,0
sangue humano.......................................7,3 – 7,5
água do mar..8,0 – 9,0

VAIDADE PESA

Certa vez, em um esforço para não ser sobrepujado pelo esplendor de seu visitante, o rei da França, Luís XIV, recebeu o embaixador do Sião no palácio de Versalhes andando cambaleante, devido ao peso de um robe de pele com diamantes incrustados, avaliados em um sexto do valor do próprio palácio.

? | 50

QUADROS FAMOSOS

O grito (1893)
Edvard Munch, norueguês
Museu Nacional de Oslo - Noruega.

NOTA DE EDVARD MUNCH

"Certa noite", conta o autor, "eu caminhava por uma via, a cidade de um lado e o fiorde embaixo. Sentia-me cansado, doente... O sol se punha e as nuvens tornavam-se vermelho-sangue. Senti um grito passar pela natureza; pareceu-me ter ouvido o grito. Pintei esse quadro, pintei as nuvens como sangue real. A cor uivava."

ÍCARO

Ícaro aprendeu a arte de voar com seu pai, Dédalo. Apesar das recomendações paternas para que não atingisse grandes alturas, certa vez Ícaro voou alto demais. O calor do sol derreteu a cera que colava as asas a seu corpo. Caiu nas águas do mar Egeu, onde morreu afogado.

CRUZES

A. Cruz Latina | B. Cruz de Tau ou de Santo Antônio | C. Cruz do Calvário | D. Cruz de Lorraine | E. Cruz Patriarcal | F. Cruz Grega G. Cruz Triófila | H. Cruz de Santo André I. Cruz Pontéia | J. Cruz Papal | K. Cruz de Malta L. Cruz Celta | M. Cruz Molina

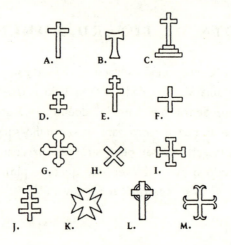

HIERARQUIA SATÂNICA

SATÃ *ou* DEMÔNIO *ou* DIABO: LÚCIFER

PRIMEIRA ORDEM:

Belzebu | *pecados do orgulho*

Leviatã | *pecados contra a fé*

Asmodeus | *pecados da luxúria e da libertinagem*

Balberith | *homicídios, disputas e blasfêmias*

Astaroth | *preguiça*

Verrine | *impaciência*

Gressil | *impurezas, sujeiras*

Sonneilon | *ódio*

SEGUNDA ORDEM:

Carreau | *crueldade*

Carniveano | *obscenidade*

Ocillet | *tentação de quebra do voto de pobreza*

Rosier | *abandono de Deus pela carne*

Verrier | *desobediência*

TERCEIRA ORDEM:

Belias | *arrogância*

Olivier | *impiedade*

Iuvart | *inércia, indolência*

? | 53

ALFABETOS

LETRA ⟩ NOME DA LETRA ⟩ TRANSLITERAÇÃO

GREGO:			HEBRAICO:			RUSSO:		
A	α	alpha..............a	א	aleph........- ou '		A	a	.................a
B	β	beta................b	ב	beth.......b,bh,v		Б	б	................b
Γ	γ	gamma............g	ג	gimel........g. gh		В	в	v
Δ	δ	delta...............d	ד	daleth......d. dh		Γ	г	................g
E	ε	epsilon............e	ה	he..................h		Д	д	................d
Z	ζ	zeta................z	ו	vav..............v,w		E	е	.........e, ye
H	η	eta.......e (ou ё)	ז	zayin..............z		Ж	ж	.........zh, ż
Θ	θ	theta.............th	ח	cheth.............h		З	з	................z
I	ι	iota.................i	ט	teth............... ṭ		И	и	i
K	κ	kappa.............k	י	yod.............y.j.i		Й	й	.......i, y, j, i
Λ	λ	lambda............l	כ ך¹	kaph.........k. kh		К	к	.................k
M	μ	mu................m	ל	lamed.............l		Л	л	l
N	ν	nu.................n	מ ם¹	mem..............m		M	м	.............m
Ξ	ξ	xi...................x	נ ן¹	nun................n		Н	н	..............n
O	o	omicron.........o	ס	samekh...........s		О	о	...............o
Π	π	pi...................p	ע	ayin................'		П	п	...............p
P	ρ	rho................,.r	פ ף¹	pe.........p. ph. f		Р	р	..................r
Σ	σ, ς¹	sigma..............s	צ ץ¹	sadhe.............ṣ		С	с	...............s
T	τ	tau..................t	ק	koph.............q		Т	т	................t
Y	υ	upsilon...........y	ר	resh................r		У	у	...............u
Φ	φ	phi...............ph	ש	shin..........sh, ṡ		Ф	ф	................f
X	χ	chi........ ch. kh	שׂ	sin...................ṡ		Х	х	.........kh, x
Ψ	ψ	psi.................ps	ת	tav...................t		Ц	ц	...........ts, c
Ω	ω	omega....o (ou ō)				Ч	ч	...........ch, č
						Ш	ш	...........sh, ṡ
						Щ	щ	.......shch, šč
						Ъ	ъ¹	.... ˮ
						Ы	ы	..............y, i
						Ь	ь²	.... '
						Э	э	.......è, eh, e
						Ю	ю	.........yu. ju
						Я	я	...........ya, ja

ATENÇÃO: PONTUAÇÃO

Um milionário redigiu seu testamento da seguinte forma: *"Deixo a minha fortuna para o meu irmão não para o meu sobrinho jamais para o meu advogado nada para os pobres."*

A falta das vírgulas gerou uma enorme confusão entre os interessados na herança, pois cada um tentou justificar por que se considerava o único e legítimo herdeiro da vultosa quantia. Imagine-se um dos herdeiros. Como você pontuaria o texto se fosse:

> o irmão
> o sobrinho
> o advogado
> o defensor dos pobres

Resposta na página 205

MANAGER

A palavra inglesa para gerente é, curiosamente, italiana, pois vem de *mannegiare* — manejar, que se originou de *mano* — mão. Originalmente, os ingleses chamavam de *manager* o condutor de cavalos. O nome se manteve mesmo com o aparecimento dos automóveis e generalizou-se, passando a designar aquele que maneja bem a sua área.

? | 55

VOCÊ JÁ VIU ESTE FILME:

(AS OCORRÊNCIAS MAIS CLICHÊS NO MUNDO DO CINEMA)

Toda luta que acontece no topo de um prédio termina com alguém caindo.

O motor do carro nunca funciona quando o(a) mocinho(a) tenta fugir do perigo.

O pior time com os piores jogadores torna-se campeão por causa das táticas estranhas do novo técnico.

A polícia sempre chega logo depois de o mocinho derrotar o bandido.

A mocinha sempre tropeça ou cai quando está fugindo de um monstro ou bandido.

Ninguém tranca o carro quando estaciona na rua.

A frase mais falada em filmes americanos é: "Let's get out of here", ou seja: "Vamos dar o fora daqui."

Todas as bombas têm dois fios, um vermelho e um azul, dos quais um precisa ser cortado.

Ninguém recebe troco em táxis ou restaurantes.

Quando o mocinho vai morrer, sempre faz um discurso comovente antes de dizer adeus.

Quando há um incêndio, o mocinho sempre volta para resgatar alguém.

Nos filmes de suspense, um dos gêmeos é sempre do mal.

Todo grande vilão tem uma poltrona larga com descanso de braço atrás de uma mesa.

A Internet nos filmes é super-rápida.

Todo mundo acorda pulando, suando ou arfando quando tem um pesadelo.

Casais se beijando debaixo de chuva sempre estão perdidamente apaixonados.

Toda máquina de refrigerante emperra na hora de devolver a moeda.

Não importa o tamanho da tragédia: o cachorro sempre se salva.

Não existe gente feia na praia.

Num tiroteio de faroeste, ninguém acerta nos cavalos.

BOLCHEVIQUE

Em russo, bolchevique quer dizer "aqueles da maioria". O termo era usado por uma ala do partido social-democrata russo, liderada por Lênin, após eles terem ganhado maioria temporária no comitê central do partido, em 1903. Os bolcheviques acreditavam em um partido disciplinado e centralizado de revolucionários profissionais, e chamavam seus opositores dentro do próprio partido de mencheviques, "aqueles da minoria".

Viva todos os dias como se fosse o último.
Um dia você acerta.
LUIS FERNANDO VERISSIMO

ATERRISSAR EM SEGURANÇA

Os gatos são mestres, sempre caem de pé. Os gatos têm um equilibrio maior do que o homem. Durante a queda, os olhos e o vestíbulo do ouvido do gato mandam uma mensagem ao cérebro sobre a posição da cabeça em relação ao solo, que chega em frações de segundos. O cérebro envia comandos nervosos aos músculos, que corrigem a postura da cabeça e alinham o corpo do animal. Com tudo isso, o gato chega ao chão pronto para desfilar.

QUADROS FAMOSOS

O Almoço no Passeio de Barco (1881)
Pierre-Auguste Renoir, *francês*
Phillips Collection - Washington, D.C.

IRMÃOS SIAMESES

Siameses ou xifópagos são gêmeos ligados por uma parte do corpo — geralmente na altura do tórax. O caso mais famoso de gêmeos ligados foi o dos irmãos Chang e Eng, nascidos no antigo Sião, atual Tailândia. Eles viveram até 1874, atingindo 60 anos de idade. A história se tornou tão conhecida que, daí em diante, gêmeos ligados passaram a receber o nome de irmãos siameses.

ONDAS DE KITAOKA

As linhas verticais e horizontais são ondulações?

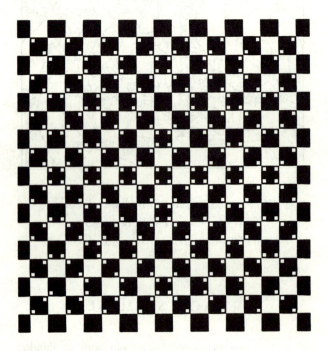

Explicação na página 205

A HISTÓRIA DA ASPIRINA

200 a.C. › Um médico grego receita folhas e cascas do salgueiro, ricas em salicina, para aliviar a dor e a febre.

100 d.C.› Folhas de salgueiro são novamente citadas nos escritos de um cirurgião grego.

1763 › O reverendo inglês Edward Stone apresenta à Sociedade Real de Medicina inglesa um informe explicando as propriedades terapêuticas da casca da árvore *Salix alba*, cujos extratos foram capazes de reduzir a febre de 50 pacientes.

1828 › Cientistas alemães sintetizam o princípio ativo da casca da *Salix alba*, a salicina.

1838 › Piria, assistente italiano dos cientistas alemães que trabalhava na Sorbonne, sintetiza o ácido salicílico.

1897 › Felix Hoffmann, químico da Bayer na Alemanha, encontra uma forma estável do ácido acetilsalicílico, e com ela cura o reumatismo de seu pai.

1899 › A partir do ácido acetilsalicílico, a Bayer lançou a Aspirina, remédio para atuar contra a febre, a dor, a gripe e o reumatismo.

1905 › A Aspirina chega ao Brasil.

TUPI-GUARANI/PORTUGUÊS (C)

Cabaçu › vespa grande

Cabreúva › a árvore do caburé. Designa também uma espécie de ponche fortemente alcoólico; para outros, cabreúva é pinga, com ovo batido, mas cru

Caburé › coruja; é sinônimo de gente feia

Caçapava › clareira, passagem

Caiapó › o que traz fogo na mão, tribo de índios incendiários. Nome de uma dança de origem dessa tribo

Caiçara › o cercado de pau a pique, defesa da taba

Caipira › o envergonhado, o tímido. Atualmente, caipira é o matuto, o roceiro que ainda não se deixou tomar pelas maneiras da cidade

Camaçari › de *cama*, seio, *çary*, lágrima: leite que escorre em fios

Camboriú › praia de Santa Catarina. De *camby*, leite de peito; *iri*, mel; *u*, beber

Cambuci › pote, utensílio para água feito da casca deste fruto. De *caá-mbocy*, a fruta de duas partes

Canga › osso, caroço, galho, espinha de peixe, barbatana

Canindé › arara. Barulho, gritaria, confusão de vozes

Caracu › o tutano dos ossos, gordura. Nome de uma raça bovina

Caribé › bebida produzida pela fermentação da farinha de mandioca adicionada com mel e ovos de tartaruga

Caruaru › aguada que provoca comichões, coceira, sarna

Catete › porco do mato; queixada; dente pontiagudo

Congonha › engolido, deglutido

Cuica › um dos vários nomes da raposa, do gambá

Curupira › o sarnento, duende que provocava pesadelo, na crença dos indígenas. Em outros lugares é o mesmo que diabo

PALÍNDROMOS

Palíndromo é uma palavra ou frase que se pode ler indiferentemente, da esquerda para a direita ou vice-versa, formando o mesmo sentido.

SOCORRAM-ME SUBI NO ÔNIBUS EM MARROCOS.

ATO IDIOTA.

LUZ AZUL.

ROMA É AMOR.

MORRAM APÓS A SOPA MARROM.

MUSSUM.

OVO.

MIRIM.

ORAR É RARO.

FORMAÇÃO DE ORQUESTRA

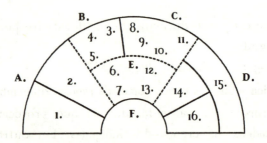

É importante ressaltar que a organização pode variar de acordo com a sede da orquestra.

A. Instrumentos de corda | B. Instrumentos de percussão
C. Instrumentos de metal | D. Instrumentos de corda | E. Instrumentos de sopro | F. Maestro

1. Primeiro Violino | 2. Segundo Violino
3. Tímpanos | 4. Pratos | 5. Tambor de Parada
6. Clarineta | 7. Flauta | 8. Trompa | 9. Trombone
10. Trombeta/Clarim | 11. Tuba | 12. Fagote
13. Oboé | 14. Viola | 15. Contrabaixo | 16. Violoncelo

ALGUMAS TERMINOLOGIAS MUSICAIS

Adagio › devagar	Allegro › rápido, vigoroso
Affrettando › acelerando progressivamente	Andante › andando no ritmo
	Animato › animado
Agitati › agitado	Appassionato › apaixonadamente, entusiasmadamente
Allargando › tornando-se mais lento	
	Arpeggiare › como uma harpa

Bravura › *destaque e talento*

Brio › *vigor*

Con anima › *com sentimento*

Deciso › *decididamente, absolutamente*

Dolce › *suave, terno*

Dolcissimo › *delicadamente*

Dolente › *tristemente*

Energico › *com energia*

Forte-piano › *alto e depois suave*

Forzando › *ênfase repentina*

Fugato › *fugado*

Grave › *lento e solene*

Impetuoso › *impetuosamente*

Lacrimoso › *com choro*

Largo › *lento e grandioso*

Legato › *ligado*

Leggiero › *ligeiro e delicado*

L'istesso tempo › *manter a rapidez*

Lontano › *carinhosamente*

Ma non troppo › *mas não muito*

Mancando › *desaparecendo aos poucos*

Martellato › *produzido com esforço*

Morendo › *deixando de funcionar lentamente*

Nobilmente › *nobremente*

Parlante › *cantado como se fala*

Passionato › *emocionadamente*

Patètico › *com forte sentimento*

Piacevole › *agradavelmente*

Pizzicato › *dedilhado, selecionado*

Presto › *rápido*

Prestissimo › *o mais rápido possivel*

Rallentando › *diminuindo gradualmente*

Rigoroso › *estritamente, rigoroso*

Risvegliato › *cada vez mais animado*

Ritardando › *refreando gradualmente*

Scherzando › *divertido, alegre*

Slargando › *diminuindo gradualmente*

Smorzando › *esmorecendo*

Staccato › *destacado, separado*

Strepitoso › *alto, tumultuosamente*

Suave › *suave, delicado*	**Teneramente** › *de maneira terna*
Tacet › *silencioso*	
Tempo primo › *na velocidade original*	**Tranquillo** › *calmamente*

O mais nobre de todos os cachorros é o cachorro-quente: ele alimenta a mão de quem o morde.
LAURENCE J. PETER

KOSHER

Kosher, do hebraico, significa de acordo com as leis; refere-se especificamente às leis pertinentes ao tipo de comida e suas preparações.

TRAVA LÍNGUA

Tempo
O tempo perguntou pro tempo
quanto tempo o tempo tem.
O tempo respondeu pro tempo
que o tempo tem tanto tempo
quanto tempo o tempo tem.

QUADROS FAMOSOS

A CIGANA COM O BEBÊ (1916)
AMADEO MODIGLIANI, *italiano*
Chester Dale Collection - Nova York.

COMO LIMPAR OURO E PRATA

Anéis, correntes e pulseiras muitas vezes ficam escuros, sem brilho, oxidados pela poluição ou pela falta de uso. A maneira mais fácil é limpar com pasta de dente (branca), usar uma escova de dentes bem macia, depois lavar com sabonete e enxaguar. A cor original do ouro e da prata volta rapidinho.

FALSOS AMIGOS
(PALAVRAS PARECIDAS, SIGNIFICADOS DIFERENTES)

INGLÊS	PORTUGUÊS
accent	sotaque
actual	real
adept	especialista
agend	lista de trabalho, pauta
apparel	vestuário, roupa, traje
audience	público
bond	ação, título, obrigação
camp	acampamento
carton	caixa de papelão, pacote
casualty	baixas, perdas
cigar	charuto
collar	colarinho, coleira, gola
compass	bússola
comprehensive	amplo, extenso
consistent	coerente ou constante
convict	réu condenado

INGLÊS	PORTUGUÊS
costume	roupa masculina ou feminina, trajes típicos, fantasias
devolve	transmitir, transferir
discrete	distinto, separado
disgust	aversão, nojo
engross	absorver, monopolizar
enroll	registrar, inscrever
estate	bens, propriedades, fortuna
estrange	separar, afastar
eventually	finalmente, conseqüentemente
exit	saída
expedient	útil, vantajoso, adequado, oportuno
exquisite	refinado, apurado
fabric	tecido, estrutura
gentility	nobreza
guardian	tutor
journal	periódico, revista, diário
large	grande, amplo
lecture	conferência
library	biblioteca
liquor	destilados em geral

INGLÊS	PORTUGUÊS
novel	romance
oration	discurso formal
patron	patrocinador (de artes); padroeiro; freguês, cliente
pavement	calçada
phrase	locução, expressão
physician	médico
pretend	fingir
procure	conseguir, obter, adquirir
record	gravar, registrar
remark	observar, comentar
resume	retomar, continuar
scenario	sinopse de filme ou peça teatral
scholar	letrado, erudito
sensible	sensato, razoável
sort	espécie, tipo
supper	ceia, jantar
support	apoio (moral)
sympathetic	compreensivo
sympathy	compaixão, solidariedade
tint	tom, tonalidade
tutor	professor particular
vine	cipó
voluble	loquaz, fluente

? | 70

TELEVISÃO: COMO AS IMAGENS CHEGAM ATÉ VOCÊ

1) As câmeras de televisão transformam a luz em sinais eletrônicos de vídeo, que são irradiados por um transmissor e recebidos pela antena de um receptor televisivo.

2) O sintonizador da televisão seleciona uma estação.

3) Um decodificador converte os sinais de vídeo em sinais de cores primárias.

4) No tubo de imagens, três disparadores de elétrons (um para cada cor) rapidamente esquadrinham a tela, fazendo seus pontos coloridos brilharem, formando a imagem nela vista.

COLUNAS

1. Dórica | 2. Jônica | 3. Coríntia
4. Toscana | 5. Compósita

TUPI-GUARANI/PORTUGUÊS (E)

Exu › a varejeira

NEGÓCIO DA CHINA

Fazer um negócio da China é realizar um feito extremamente vantajoso, que proporciona altos lucros. Os verdadeiros negócios da China tiveram início no período que o Império fazia muitas concessões às grandes potências européias. Acredita-se que a expressão possa ter surgido a partir da divulgação das narrativas de Marco Polo.

TUPI-GUARANI/PORTUGUÊS (G)

Garanhuns › de *guira*, pássaro, *nhum*, preto
Goiás › forma aportuguesada do tupi *guayá*, aquele que procede da mesma tribo, semelhante
Guarani › guerra
Guarantã › madeira dura, resistente
Guarapari › viveiro, comedouro das garças
Guarapiranga › ribanceira vermelha, lagoa vermelha
Guararape › no tambor

EXPERIÊNCIA
COCA *LIGHT* x COCA-COLA

Em um reservatório com água, coloque duas latinhas fechadas: uma de Coca-Cola normal e outra de Coca Light. Você observará que a de Coca Light flutua e a outra afunda. Isto ocorre porque a Light contém aspartame em vez de açúcar. O aspartame é menos denso e 200 vezes mais doce que o açúcar e, por isso, acaba sendo utilizado em menor quantidade.

SANGUE

O corpo humano contém aproximadamente de 4 a 5 litros de sangue. Este sangue circula em alta velocidade pelo corpo: em 15 segundos, ele passa de uma mão à outra. Em dois segundos, ele desce da coxa à ponta do pé. Em cerca de 90 segundos, dá uma volta completa pelo corpo. Isso explica por que uma artéria cortada em um acidente pode se tornar uma tragédia. Em alguns minutos, a pessoa acidentada poderá sofrer uma hemorragia e perder todo seu sangue.

A imitação é a forma mais sincera de elogio.
WILLIAM BERNBACH

ANIMAIS MAIS RÁPIDOS

Falcão real..362 km/h
Águia-real...................................240 km/h ou mais
Guepardo..113 km/h
Agulhão-bandeira (tubarão)...................109 km/h
Antilocabra...........................88,5 km/h ou mais
Gazela...75,5 km/h
Atum..75 km/h
Avestruz...72 km/h
Cavalo de corrida..............................69,62 km/h
Cachorro galgo..................................67,14 km/h
Canguru..64 km/h
Morcego ....56 a 64 km/h
Libélula..58 km/h
Baleia orca..55,5 km/h
Girafa...51,5 km/h
Rinoceronte negro................................45 km/h
Homem...44,8 km/h
Golfinho..44,4 km/h

LAMPIÃO

A origem do apelido do famoso cangaceiro nordestino é curiosa. Tudo aconteceu no Ceará, em uma noite escura, quando um companheiro seu deixou cair um cigarro no chão. Como não conseguia encontrá-lo, Lampião lhe disse que faria um disparo, e que o amigo procurasse o cigarro no clarão do tiro. Quando detonou o rifle, o cangaceiro falou "acende, lampião!" e, desde então, passaram a chamá-lo assim.

BALAÚSTRE FIGURADO

Você enxerga figuras escondidas entre as colunas?

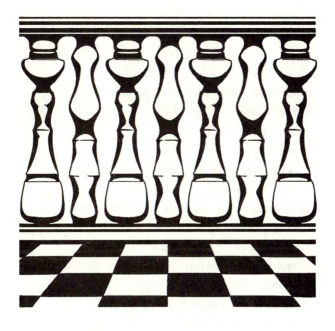

Explicação na página 205

VOCÊ TEM MEDO DE QUÊ?

Acrofobia > de altura

Aerodromofobia > de aviões

Agorafobia > de correntes de ar, de lugares abertos

Ailurofobia > de gatos

Algofobia > de dores

Antofobia > de flores

Antropofobia > da sociedade ou de pessoas

Aracnofobia > de aranhas

Bacilofobia > de micróbios

Balistofobia > de balas (armas)

Belonefobia > de alfinetes e agulhas

Botanofobias > de plantas

Cancrofobia > de câncer

Carpofobia > de frutas

Catagelofobia > de ser exposto ao ridículo

Cinofobia > de cachorros

Claustrofobia > de espaços fechados ou estreitos

Clinofobia > de camas

Cremnofobia > de precipícios

Cromofobia > de determinadas cores

Dorafobia > de peles de animais

Eremofobia ou Monofobia > de estar só

Ergofobia > de trabalho

Fotofobia > de luz

Geofobia > de contato com a terra

Ginecofobia > de mulheres

Harpaxofobia > de ser assaltado

Hematofobia > de sangue

Hidrofobia > de água

? | 76

Hipnofobia 〉 de dormir
Iatrofobia 〉 de médicos
Medomalacufobia 〉 de perder a ereção
Merintofobia 〉 de ser amarrado ou amordaçado
Nictofobia 〉 da noite ou da escuridão
Nosofobia 〉 de doenças
Oftalmofobia 〉 de ser encarado
Optofobia 〉 de abrir os olhos
Ornitofobia 〉 de pássaros
Pantofobia 〉 de tudo
Pecatofobia 〉 de pecar
Pirofobia 〉 de fogo
Pnigerofobia 〉 de ser estrangulado ou sufocado
Pogonofobia 〉 de barba
Potamofobia 〉 de rios
Pteronofobia 〉 de plumas e penas, por causarem cócegas
Ranidafobia 〉 de sapos e rãs
Sitofobia 〉 de comida
Sitiofobia 〉 de aprender
Tafofobia 〉 de ser enterrado vivo
Talassofobia 〉 do mar
Tanatofobia 〉 de morte
Tapinofobia 〉 de contrair doença contagiosa
Teratofobia 〉 de deformidades físicas
Tricofobia 〉 de cabelos
Vestiofobias 〉 de roupas
Xenofobia 〉 de estrangeiros
Zoofobia 〉 de animais em geral

CAMÉLIA

A Camélia era a flor usada pelas prostitutas de Paris na Belle Époque. Assim como no romance de Alexandre Dumas Filho, a flor presa à roupa era um sinal para indicar a disponibilidade da mulher que a usava. Inspirada no costume, Chanel transformou a camélia em um glamouroso símbolo de seus acessórios.

ÁBACO

1. Centenas de milhões | 2. Dezenas de milhões
3. Milhões | 4. Centenas de milhares
5. Dezenas de milhares | 6. Milhares
7. Centenas | 8. Dezenas | 9. Unidades
10. Cada conta vale 5 | 11. Cada conta vale 1

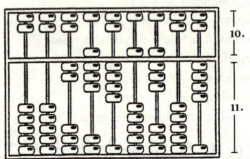

O número mostrado aqui é 2.845.804

QUADROS FAMOSOS

Retrato de Maria Teresa (1937)
Picasso, *espanhol*
Museu Picasso - Paris.

NARCISO

Conforme a mitologia grega, Narciso era um jovem tão belo, que, ao ver pela primeira vez sua imagem projetada nas águas de uma fonte, apaixonou-se perdidamente por ela. Porém, pensava ser a imagem de uma ninfa que ali vivia e, tentando alcançá-la de qualquer jeito, mergulhou e acabou morrendo afogado. Portanto, quando se diz que uma pessoa é narcisista, é porque ela possui tanto amor-próprio que chega a ser arrogante.

ESTILOS DE ARTE:
DO GÓTICO AO CUBISMO

GÓTICO *(séculos XII ao XVI)*: detalhado e religioso, com arcos de pedra, vitrais e abóbadas caneladas, estriadas. É o estilo de arte típico do fim da Idade Média. Artista: Pisanello.

RENASCENTISTA *(séculos XV ao XVI)*: reflorescimento clássico do aprendizado e de todas as formas da escultura, arte e arquitetura. Desenvolveram-se nesse período a pintura a óleo e o uso da perspectiva. Artistas: Botticelli, Da Vinci, Ghiberti.

MANEIRISMO *(meados ao final do século XVI)*: exacerbação do Renascimento, extravagante e estilizado. Artistas: Michelangelo, Bronzino.

BARROCO *(século XVII)*: encorajado pela Igreja Católica Romana, o estilo barroco unificou diversas formas de arte e arquitetura. Artistas: Caravaggio, Bernini, Rubens.

ROCOCÓ *(meados do século XVIII)*: estilo ornamental, leve e decorativo, parcialmente desenvolvido na corte do rei Luís XV. Artistas: Watteau, Fragonard, Tiepolo.

NEOCLASSICISMO *(1750-1850)*: retorno à formalidade clássica grega nas artes e na arquitetura, como resposta e rejeição ao Barroco e ao Rococó. Artistas: Piranesi, Adam, Soane.

ROMANTISMO *(1780-1850)*: o estilo que mais se presta a emoções humanas conta também com a inspiração do mundo natural, em reação à indústria e aos preceitos do Iluminismo. Artistas: Turner, Blake, Delacroix, Constable.

ARTES & OFÍCIOS *(1850-1870)*: não foi um estilo propriamente, mas um movimento que teve origem na Inglaterra como reação à baixa qualidade dos bens de produção em massa. Procurou reviver os padrões anteriores à produção industrial de acabamento e design, aplicando-os tanto às artes decorativas quanto aos objetos utilitários. Artista: William Morris.

IMPRESSIONISMO *(1860-1880)*: priorizava a exploração das cores e técnicas, com o objetivo de captar a transitoriedade da luz. Artistas: Monet, Sisley, Pissaro, Renoir.

PONTILHISMO *(1880)*: estilo de pintura onde se usavam pequenos pontos de cores primárias, que juntos formavam uma imagem. Artistas: Seurat, Signac, Cross.

PÓS-IMPRESSIONISMO *(1880-1910)*: distanciamento da representação impressionista, em direção a uma abordagem mais abstrata e emocional. Artistas: Cézanne, Gauguin, Van Gogh.

ART NOUVEAU *(1890-1915)*: estilo decorativo detalhado, onde se usavam tanto linhas curvas fluidas, como uma geometria precisa. Artistas: Beardsley, Klimt, Tiffany.

FAUVISMO *(1900-1908)*: neste movimento francês predominava a ousadia, percebida em obras coloridas e exuberantes. Artistas: Matisse, Rouault, Dufy.

EXPRESSIONISMO *(1900 até os anos 40)*: ênfase na subjetividade do artista em detrimento da representação realista. Artistas: Kandinsky, Grosz, Modigliani.

CUBISMO *(1900 até os anos 20)*: desenvolvido por Picasso e Braque com influências de Cézanne e da arte tribal, o cubismo inovou ao mostrar simultaneamente todas as facetas fragmentadas.

AS BEM-AMADAS

Julieta...Romeu
Marília..Dirceu
Capitu..Bentinho
Ofélia...Hamlet
Margarida..Fausto
Beatriz...Dante
Dulcinéia..Dom Quixote
Isolda...Tristão
Esmeralda...Quasimodo
Ceci..Peri
Inês de Castro...................Dom Pedro (Portugal)
Psique..Eros
Desdêmona..Otelo
Josefina..Napoleão

? | 83

JÓIAS COMEMORATIVAS DE CASAMENTO

1º 〉 ano de ouro
2º 〉 granada
3º 〉 pérolas
4º 〉 topázio azul
5º 〉 safira
6º 〉 ametista
7º 〉 ónix
8º 〉 turmalina
9º 〉 lápis-lazúli
10º 〉 jóia de diamante
11º 〉 turquesa
12º 〉 jade
13º 〉 citrina (falso topázio)
14º 〉 opala

15º 〉 rubi
16º 〉 peridoto
17º 〉 relógios
18º 〉 olho-de-gato
19º 〉 água-marinha
20º 〉 esmeralda
25º 〉 jubileu de prata
30º 〉 jubileu de pérola
35º 〉 jubileu de esmeralda
40º 〉 rubi
45º 〉 safira
50º 〉 jubileu de ouro
60º 〉 jubileu de diamante

FLORES DE ANIVERSÁRIO

JANEIRO
cravo, campânula branca

FEVEREIRO
violeta, prímula

MARÇO
violeta, junquilho

ABRIL
margarida, ervilha-de-cheiro

MAIO
lírio-do-vale, estrepeiro

JUNHO
rosa, madressilva

JULHO
espora, nenúfar

AGOSTO
palma-de-santa-rita, papoula

SETEMBRO
áster, ipoméia

OUTUBRO
calêndula, cosmos

NOVEMBRO
crisântemo

DEZEMBRO
narciso, azevinho, asa-de-papagaio

MORFEU

Estar nos braços de Morfeu significa cair no sono, estar dormindo. Um antigo clichê da literatura romântica induziu muita gente a crer que na mitologia grega Morfeu é o deus do Sono. Entretanto, Morfeu é o criador de sonhos, enquanto o verdadeiro deus do Sono é seu pai, Hipnos; daí as palavras hipnotizar, hipnose.

CÓDIGO DE BARRAS

1. Barras de proteção | 2. Barras de código binário
3. Barra de controle/prova/verificação
4. Barras de proteção | 5. Categoria geral do produto | 6. Código do fabricante | 7. Código do produto | 8. Dígito de prova

CAVING

Também conhecido como cavernismo ou espeleísmo, o caving é um esporte de aventura originário da espeleologia, ciência que estuda cavernas. Os praticantes exploram as cavernas e, para tanto, precisam ser bons em rapel, pois dentro de algumas há grandes profundidades.

? | 86

CANYONING

O canyoning, surgido na França, consiste na descida de cachoeiras e canyons com o auxílio de uma corda e alguns equipamentos básicos. Popularmente chamado de rapel de cachoeiras, o esporte exige que o praticante tenha noções de alpinismo.

RAFTING

O principal objetivo do rafting é enfrentar corredeiras rio abaixo em um bote capaz de acomodar, em média, seis pessoas. A aventura nasceu na época da corrida ao ouro nos Estados Unidos, quando os colonizadores desciam o rio Colorado em balsas de madeira (rafts). Posteriormente, esses barcos para exploração foram substituídos por botes de borracha, mais leves e fáceis de controlar.

BUNGEE JUMP

Esse esporte radical consiste em saltar de um lugar elevado com um cabo elástico preso ao corpo. Também conhecido como bungy ou ioiô humano, teve origem com um ritual praticado pelos nativos da Ilha de Pentecoste, no Pacífico Sul.

KITESURF

O kitesurf é uma mistura de windsurfe com esqui, wakeboard, surfe e vôo livre. A idéia é deslizar sobre a água em uma pranchinha ou um wakeboard, puxado pelo kite (pipa) com o auxílio do vento.

ASA-DELTA

Criada no fim da década de 40 por um funcionário da Nasa, a asa-delta foi inicialmente projetada como um pára-quedas manobrável para uso da tripulação na reentrada das naves espaciais na atmosfera. Alguns anos mais tarde, três australianos adaptaram o projeto que havia sido esquecido e aprimoraram as técnicas de vôo, popularizando o esporte.

IATISMO

O caráter esportivo das embarcações a vela surgiu com o rei inglês Charles II. Coroado em 1660, Charles II deixou o exílio na Holanda e retornou à Inglaterra em um iate do príncipe de Orange. O rei gostou tanto da viagem que encomendou um barco igual para navegar pelo rio Tâmisa e, a partir disso, os barcos a vela passaram a ser utilizados por toda a corte inglesa em cruzeiros pela costa. No século seguinte, o esporte se popularizou entre os cidadãos comuns e apareceram os primeiros iates clubes.

Deus fez poucas cabeças perfeitas;
o resto ele cobriu com cabelo.

BRINDANDO PELO MUNDO

Árabe *Fi sihitaek* | Armênio *Genatz*

Búlgaro *Na zdrve* | Chinês *Gan-bei*

Dinamarquês *Skaal* | Holandês *Proost*

Inglês *Cheers* | Finlandês *Kippis ou salut*

Francês *Á votre santé* | Alemão *Prosit* ou *Zum Wohl*

Grego *Steniyasas* | Hebraico *L'chayim*

Italiano *Salute* ou *tim tim* | Japonês *Kanpai*

Coreano *Kon-bae* | Norueguês *Skal*

Polonês *Na zdrowie* | Português *Saúde*

Russo *Na zdorov'e* | Servo-croata *Ziveli*

Espanhol *A su salud* | Sueco *Skal*

Turco *Serefe* | Ídiche *L'chayim*

AZEITE DE MANJERICÃO

Rende 500 ml de azeite

-2 xícaras de chá de folhas de manjericão
-500 ml de azeite

1. Lave as folhas de manjericão e deixe escorrer toda a água.

2. Leve-as no forno bem aquecido por 5 minutos, apenas para desidratá-las — sem perder a cor.

3. Ponha o manjericão no liquidificador e bata com o azeite.

4. Coe em um filtro de papel e guarde em um recipiente tampado.

5. Sirva com saladas e peixes.

SIMETRIA

As figuras mostradas acima aparecem diariamente nas nossas vidas, mas a combinação com suas formas refletidas gera figuras simétricas, que prejudicam a identificação destes símbolos tão familiares.

LIMPAR CAMURÇA

O melhor jeito para limpar bolsas, casacos e sapatos de camurça é "apagar" a sujeira insistentemente com uma borracha escolar até que a mancha clareie. Caso a técnica não funcione, passe de leve uma lixa para madeira (bem fina) sobre a superfície, depois escove.

EVOLUÇÃO

Formação da Terra *(4,6 bilhões de anos)*

Primeiro sinal de vida *(3,5 bilhões de anos)*

Primeiras plantas *(1 bilhão de anos)*

Primeiros animais *(1 bilhão de anos)*

Crustáceos *(650 milhões de anos)*

Formação de fósseis *(590 milhões de anos)*

Peixes *(510 milhões de anos)*

Plantas terrestres *(420 milhões de anos)*

Insetos *(380 milhões de anos)*

Anfíbios *(360 milhões de anos)*

Plantas de semente *(360 milhões de anos)*

Répteis *(340 milhões de anos)*

Mamíferos *(213 milhões de anos)*

Aves *(150 milhões de anos)*

Plantas com flores *(140 milhões de anos)*

Seres humanos *(2 milhões de anos)*

FLORES DAS ÁRVORES

Acácia-mimosa ⟩ Suas flores amarelas surgem no inverno e a árvore é oriunda da Austrália.

Cássia ⟩ Flores amarelas bastante perfumadas surgem no verão, em regiões de clima ameno. A árvore originou-se na América do Sul.

Espatódea ⟩ Trazida da África para o Brasil, a espatódea é uma árvore tipicamente ornamental com flores grandes e numerosas, vermelhas no exterior e amarelas no interior. A época de flo-ração é o verão, mas varia conforme seu local de cultivo.

Flamboyant⟩ No período de floração, que ocorre normalmente na primavera e no verão, a árvore, originária da África, Madagascar e de ilhas do oceano Índico, fica recoberta de magníficas flores de forte tom avermelhado.

Ipê-amarelo ⟩ É considerada a árvore símbolo do Brasil. Caracteriza-se pela perda das folhas na época de floração, no final do inverno, quando então se recobre apenas de delicadas flores amarelas.

Ipê-roxo/rosa ❯ As árvores, surgidas no Brasil, Paraguai e Argentina, florescem no inverno.

Jacarandá-mimoso ❯ Durante a primavera e o verão, algumas cidades brasileiras apresentam um aspecto visual bem peculiar devido à floração do jacarandá-mimoso. Suas flores lilases recobrem toda a árvore, formando um lindo contraste com o verde das folhas. A árvore surgiu na Argentina.

Magnólia ❯ A magnólia-branca, de origem chinesa, foi introduzida no Brasil durante o século XIX. Na época de floração, ao longo da primavera e do verão, exibe flores brancas exuberantes, sempre nas pontas dos ramos, com até 20 cm de diâmetro e um perfume delicioso.

Manacá ❯ As flores possuem sempre três cores — branca, lilás e rosa, aparecendo na primavera e no verão. A árvore é brasileira.

Paineira ❯ Facilmente encontrada na ornamentação urbana, a árvore de origem sul-americana enfeita as cidades no verão e outono, com sua abundante floração. As flores são amareladas na base e rosadas no ápice.

? | 93

Quaresmeira › Com sua copa bastante fechada, proporciona sombra abundante. Floresce no verão e no final do outono, apresentando grandes flores roxas na maioria das vezes e algumas em tom degradê, que vai do branco ao roxo, recobrindo toda a árvore. Originou-se no Brasil.

Sibipiruna › As flores em espigas amarelas desta árvore de origem sul-americana ocorrem na primavera.

SIC

Muitas vezes confundida com uma sigla, *Sic* é uma palavra que vem do latim e significa: assim, textualmente. É freqüentemente usada entre parênteses para atestar uma impropriedade. Ex.: Esta propriedade foi toda cercada por arame barbado (*sic*). O correto seria arame farpado.

AZUL DO KLEIN

Yves Klein inventou um azul e patenteou. Misturou resina sintética a um pigmento azul e achou o tom que traduzia espiritualidade e liberdade. Klein acreditava que sua pintura tinha o poder de invadir a sensibilidade do observador, exercendo uma forte influência meditativa. O monocromático Klein foi um dos líderes do movimento NeoDada na Europa do pós-guerra.

QUADROS FAMOSOS

Salve Maria (1891)
Paul Gauguin, *francês*
Metropolitan Museum of Art - Nova York.

ANTROPOFAGIA

O quadro de Tarsila do Amaral, intitulado *Abaporu* — que em tupi significa "antropófago", inspirou o mais radical movimento do Modernismo, a Antropofagia. Seus adeptos pregavam a devoração da cultura estrangeira como reação e crítica à Anta, outro movimento da época. O *Abaporu* foi um presente de aniversário de Tarsila para seu marido, Oswald de Andrade.

TABELA DE GASTO CALÓRICO (KCAL) POR MINUTO

ANDAR A CAVALO...................... *galopando* ⟩ *8,9*

trotando ⟩ *7,2*

andando ⟩ *2,7*

BASQUETE.................................... *competição* ⟩ *9,6*

treinamento ⟩ *9,0*

BEISEBOL...................................... *interceptor* ⟩ *4,0*

arremessador ⟩ *5,9*

BILHAR... ⟩ *2,7*

BOXE... *luta* ⟩ *14,4*

Treino ⟩ *9,0*

CAMINHADA................................... *sem carga* ⟩ *7,9*

com carga ⟩ *9,1*

CAMINHADA... *lazer* ⟩ *5,2*

CANOAGEM.. *lazer* ⟩ *2,9*

velocidade ⟩ *6,7*

CARATÊ... ⟩ *12,7*

CICLISMO................................... *lazer- 9 km/h* ⟩ *4,2*

lazer- 15 km/h ⟩ *6,5*

competição ⟩ *11,0*

CORRIDA NO PLANO................................. › 8,8

DANÇA AERÓBICA.................................. leve › 6,4

moderada › 6,7

intensa › 8,7

DANÇA DE SALÃO...................... .... › 3,3

DANÇA COM COREOGRAFIA...................... › 6,7

DANÇA "TWIST" E LAMBADA................ › 10,9

ESCALADA EM MONTANHA...................... › 10,3

ESQUI NA ÁGUA.. › 7,8

ESQUI NA NEVE.. › 7,7

FUTEBOL.. › 8,9

FUTEBOL AMERICANO................................. › 8,6

GINÁSTICA... › 4,3

GOLFE.. › 5,5

HANDEBOL... › 9,4

HÓQUEI... competição › 8,7

no gelo › 10,0

IOGA... › 4,0

JOGO DE BOLICHE....................................... › 6,3

JUDÔ.. ⟩ 12,7

NATAÇÃO.. costas ⟩ 11,0
peito ⟩ 10,5
borboleta ⟩ 11,1
crawl ⟩ 8,3

PATINAÇÃO.. ⟩ 7,5

PINGUE-PONGUE... ⟩ 4,4

"SQUASH"... ⟩ 13,8

SURFE.. ⟩ 5,3

TÊNIS.. competição ⟩ 9,5
recreação ⟩ 7,1

VOLEIBOL... competição ⟩ 9,5
recreação ⟩ 3,5

PSITACISMO

Falar difícil, construir frases sem sentido, usar palavreado vazio e abundante para impressionar leigos. Ex:

TEXTO SIMPLES

O vestibular não é um bicho-de-sete-cabeças. É necessário que você seja otimista e aplique todo o conhecimento adquirido até então.

ou

TEXTO REBUSCADO

O vestibular não deve gerar uma crise de confiabilidade. É necessário otimizar uma ação centrada e focada para aplicar transdiciplinarmente todos os conteúdos pedagógicos estocados até então.

Narcisista é uma pessoa mais bonita que você.
GORE VIDAL

Toda a unanimidade é burra.
NELSON RODRIGUES

CARPE DIEM

A expressão em latim *Carpe Diem* é usada correntemente no sentido de aproveitar o dia e a vida enquanto é possível, sem se preocupar com o futuro.

ECONOMÊS

juros compostos › São juros calculados de modo cumulativo, incidindo sobre o principal mais juros acumulados no passado, mas ainda não quitados. Para uma pessoa que tem uma aplicação, os juros compostos podem ajudar a aumentar a quantia de dinheiro que possui, mas para quem tem alguma dívida, os juros compostos podem dificultar e até mesmo inviabilizar sua quitação, pois são calculados sobre um montante cada vez maior.

blue chip › O termo teve origem nos cassinos norte-americanos. Blue chip é a ficha mais valiosa distribuída aos jogadores. No mercado financeiro, blue chip é a ação percebida como a de maior liquidez ou maior volume de negócios, tipicamente ação de uma companhia de grande porte e bem-sucedida.

preço de uma ação › O preço de mercado de uma ação resulta da oferta e da demanda. Em princípio, deveria refletir o valor estimado no presente do fluxo de lucros que se imagina que a empresa terá ao longo do tempo. Se o preço do mercado estiver acima do valor presente dos lucros futuros, torna-se lucrativo vender a ação e vice-versa. O preço de uma ação sobe ou cai quando o valor estimado dos lucros futuros sobe ou cai. Tal variação pode ocorrer por conta de fatores externos à empresa (uma melhora na economia como um todo, por exemplo) ou de fatores internos (melhor gestão, ganhos de produtividade, novos produtos etc.).

poder aquisitivo › O valor real da moeda, em termos do seu poder aquisitivo, depende da oferta e da demanda. A oferta é controlada pelo Banco Central. Quanto maior a emissão de moeda, menor seu valor. A demanda depende do grau de aceitação da moeda por parte dos que devem usá-la. Uma moeda percebida como reserva de valor, por exemplo, é mais demandada que uma moeda percebida apenas como meio de transação, isto é, instrumento para compra ou venda de bens e ativos.

função dos bancos › Os bancos têm como função realizar a intermediação entre investidores e tomadores de empréstimos. Assim, após a captação do dinheiro, emprestam-no a uma taxa de juros, da qual retiram sua remuneração e pagam seus compromissos com investidores.

rentabilidade da poupança › A rentabilidade da poupança é determinada pelo governo, sendo que o dinheiro aplicado nas cadernetas serve basicamente para o financiamento de imóveis. Justamente por essa razão, a rentabilidade da poupança tem de ser baixa, pois, caso contrário, haveria um encarecimento desses empréstimos.

dividendos › Os dividendos constituem a parte do lucro de uma empresa distribuída aos seus acionistas. Empresas que tipicamente pagam bons dividendos suprem a necessidade de investimentos por si mesmas. No Brasil, as empresas abertas são obrigadas por lei a fazer a distribuição de 25% de seu lucro em forma de dividendos.

Lei das sociedades anônimas › A Lei das Sociedades Anônimas regulamenta as sociedades por ações, dispondo sobre direitos e deveres dos acionistas. Um de seus objetivos é assegurar que a gestão da companhia busque o bem-estar de todos os acionistas e não vantagens para o acionista controlador em detrimento dos demais acionistas.

debêntures › Debênture é um título de renda fixa emitido por uma empresa pública ou privada. Quando uma instituição necessita de dinheiro, mas não quer contrair um empréstimo bancário, trata de emitir debêntures.

? | 102

renda fixa › Renda fixa é um título com taxa de juros prefixado ou conhecida antecipadamente. O risco para o investidor que adquire títulos de renda fixa é de a instituição emissora dos títulos não honrar seu pagamento.

poupança › A poupança é a mais conservadora aplicação de investimento e, portanto, a que rende menos. É a mais conservadora porque não há mínimo a ser aplicado, sua taxa é a mesma em todas as instituições financeiras e o dinheiro pode ser sacado a qualquer momento.

títulos do governo › São papéis emitidos pelo governo para captar dinheiro no mercado. Os títulos são colocados no mercado por meio de ofertas públicas em leilões organizados pelo Banco Central.

cdb › CDB quer dizer Certificado de Depósito Bancário. É um título de renda fixa emitido por uma instituição financeira. Cuidado com CDBs de bancos que pagam taxas muito maiores do que os outros: pode ser sinal de que a instituição financeira emissora dos títulos está em dificuldades.

COMO UM FAX
CHEGA ATÉ VOCÊ

1) O documento é colocado na bandeja alimentadora da máquina de transmissão do fax e o número do destinatário é digitado no teclado.

2) Quando a máquina receptora atende, um cilindro da primeira máquina puxa as páginas uma por uma, passando-as por um scanner.

3) Os sinais elétricos representando cada página são emitidos para a máquina receptora, que imprime uma cópia em papel. Uma fileira de pequenos componentes termoelétricos aquece as áreas do papel enquanto ele passa pelo rolo da máquina.

4) Umas fileiras de pontos escuros formam-se nos locais onde o papel foi aquecido, produzindo assim uma cópia do documento.

A mentira nasceu em 1º de abril, de pernas curtas e nariz comprido.
KIKA VELLOSO

? | 104

CASSANDRA

Ser uma Cassandra é profetizar catástrofes, fazer previsões de mau agouro, sinistras. Segundo a mitologia grega, Cassandra era filha de Príamo e de Hécuba. Apolo concedera-lhe a faculdade de prever o futuro. Cassandra recebeu o dom, porém desobedeceu ao deus. Com isso, Apolo vingou-se dela, fazendo com que ninguém mais acreditasse em suas predições.

SINALIZAÇÃO PARA DECOLAGEM E POUSO DE AVIÕES

1. Siga nesta direção | 2. Passagem livre
3. Ligue os motores | 4. Retire os calços
5. Coloque os calços | 6. Prossiga | 7. Vire à direita
8. Vire à esquerda | 9. Diminua a velocidade
10. Pare | 11. Siga em frente | 12. Desligue os motores

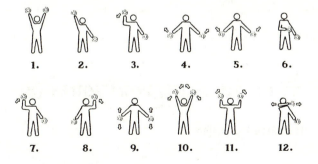

MECENAS

Mecenas é a pessoa que paga a conta pelo mero prazer de ver os resultados, sem obter qualquer benefício financeiro pelo feito. O nome homenageia Gaio Mecenas, nobre romano que foi protetor e financiador dos poetas Horácio e Virgílio.

PISTOLÃO

Um pistolão certamente ajuda alguém a conseguir um trabalho com mais facilidade. Porém, ao contrário do que parece, a palavra não é um aumentativo de pistola e nada tem a ver com a arma de fogo. Na verdade, pistolão vem de uma semelhança sonora com o latim *epistolam*, que significa carta (de recomendação, neste caso).

TUPI-GUARANI/PORTUGUÊS (H)

Humaitá › papagaio

QUADROS FAMOSOS

Giovanni Arnolfini e sua esposa (1434)
Jan Van Eyck, *flamengo*
National Gallery - Londres.

PRIMEIRO CARRO ROUBADO

O primeiro carro roubado da história foi um Peugeot do Barão de Zuylen da França, em junho de 1896. O ladrão era um mecânico de uma das fábricas da marca em Paris, para onde o veículo havia sido levado para conserto.

TAMANHOS DE ROUPAS: EQUIVALÊNCIAS

ROUPAS FEMININAS
(EUA, REINO UNIDO E EUROPA/BRASIL)

6, 8, 36
8, 10, 38
10, 12, 40
12, 14, 42
14, 16, 44
16, 18, 46
18, 20, 48
20, 22, 50

CAMISAS FEMININAS
(EUA, REINO UNIDO E EUROPA)

30, 32, 38
32, 34, 40
34, 36, 42
36, 38, 44
38, 40, 46
40, 42, 48
42, 44, 50
44, 46, 52

CASACOS FEMININOS
(EUA, REINO UNIDO E EUROPA/BRASIL)

8, 30, 36
10, 32, 38
12, 34, 40
14, 36, 42
16, 38, 44
18, 40, 46
20, 42, 48

SAPATOS FEMININOS
(EUA, REINO UNIDO E EUROPA)

4, 2, 32-35
5, 3, 35-36
6, 4, 36-38
7, 5, 38-39
8, 6, 40
9, 7, 41-42
10, 8, 42-44
11, 9, 44-45

CAMISAS MASCULINAS
TAMANHO DO PESCOÇO
(EUA, REINO UNIDO E EUROPA)

12, 31-31
12 1/2, 32
13, 33
13 1/2, 34-35
14, 36
14 1/2, 37
15, 38
15 1/2, 39
16, 40
16 1/2, 41
17, 42
17 1/2, 43

SAPATOS MASCULINOS
(EUA, REINO UNIDO E EUROPA)

7, 6 1/2, 38-39
7 1/2, 7, 40
8, 7 1/2, 41
8 1/2, 8, 42
9, 8 1/2, 43
9 1/2, 9, 43-44
10, 9 1/2, 44
10 1/2, 10, 44-45
11, 10 1/2, 45
11 1/2, 11, 45-46
12, 11 1/2, 47
13, 12, 48

TERNOS E SOBRETUDOS MASCULINOS
(EUA, REINO UNIDO E EUROPA)

34, 44
36, 46
38, 48
40, 50
42, 52
44, 54
46, 56
48, 58

ROUPAS INFANTIS
(EUA, REINO UNIDO E EUROPA)

2, 16-18, 40-45
4, 20-22, 50-55
6, 24-26, 60-65
7, 28-30, 70-75
8, 32-34, 80-85
9, 36-38, 90-95

SAPATOS INFANTIS (EUA, REINO UNIDO E EUROPA)	
0, 15	6, 23
1, 17	7, 24
2, 18	8, 25
3, 19	8 1/2, 26
4, 20	9, 27
4 1/2, 21	10, 28
5, 22	11, 29
	12, 30
	12 1/2, 31
	13, 32

APRENDIZ DE FEITICEIRO

A expressão nasceu de uma fábula de Goethe. Conta a fábula que um aprendiz de feiticeiro, tendo aprendido com seu mestre certas palavras cabalísticas, resolveu experimentar-lhes os efeitos, na ausência do mestre. Com isso fez um cabo de vassoura ir à fonte buscar baldes de água. Depois, não sabia como pará-lo. Pegou um machado e cortou o cabo de vassoura ao meio. Os dois pedaços passaram a trazer o dobro de baldes de água. Desesperado pegou o machado e partiu de novo os pedaços, e cada novo pedaço fazia a mesma coisa. Quando a casa estava quase inundada chegou por fim o feiticeiro, que evitou uma calamidade maior e puniu o aprendiz que se atrevera a abusar de seu poder.

AS SETE COLINAS DE ROMA

(NORTE > SUL)

Aventino
Célio
Palatino
Capitólio
Esquilino
Viminal
Quirinal

Observação: hoje, é impossível visualizar as sete colinas, em virtude do crescimento urbano.

Fiz esta carta mais longa porque não tive tempo de fazê-la curta.
BLAISE PASCAL

NOUVELLE VAGUE

Nouvelle Vague foi um movimento de cineastas que mudou a filmografia francesa no final da década de 50. O grupo incluía Claude Chabrol, François Truffaut, Jean-Luc Godard, Eric Rohmer e Jacques Rivette. Eles foram os pioneiros de um estilo cinematográfico mais pessoal e livre, que se rebelou contra os padrões da época.

FÊNIX

A Fênix é um pássaro imaginário de grande esplendor, dotado de uma longevidade impressionante, que virou mito por renascer das cinzas. Diz a lenda que, quando a ave estava morrendo, fazia um ninho com ervas aromáticas. Este entrava em combustão ao ser exposto ao sol. Em seguida, a Fênix atirava-se às chamas para ser consumida e não deixar vestígios. Do pouco que sobrava de seus restos mortais, uma espécie de verme começava a arrastar-se, transformando-se em uma nova ave, idêntica à que havia morrido. Por seu aspecto cíclico, a ave foi considerada símbolo da natureza divina e da ressurreição de Cristo durante a Idade Média. No Egito, representava as revoluções solares. A Fênix simboliza regeneração e imortalidade.

GOL DE PLACA

O termo se refere a um gol fantástico, inesquecível, notável, onde o jogador dribla todos desde a área de seu próprio time até o gol adversário. A "placa" da expressão, feita em bronze e colocada no estádio do Maracanã, foi criada pelo jornalista Joelmir Betting após um jogo entre Santos e Fluminense, para celebrar a beleza do lance realizado por Pelé.

? | 112

PLIM-PLIM

A famosa vinheta da TV Globo que marca os intervalos comerciais surgiu no começo da década de 70. Seu criador, Boni, encontrou na vinheta uma forma de não mais confundir o telespectador, pois as propagandas entravam, de repente, no meio de uma cena de programa ou filme.

NÓ DA GRAVATA-BORBOLETA

FALSOS AMIGOS

(PALAVRAS PARECIDAS,
SIGNIFICADOS DIFERENTES)

ITALIANO	PORTUGUÊS
piano	plano ou devagar
villa	casa de campo
sopra	em cima
prego	como disse, de nada
tenda	cortina
prima	antes
testa	cabeça
particularmente	especialmente
spesso	freqüentemente
carta	papel
parco	parque
pesca	pêssego
lavabo	pia
caldo	calor
sera	tarde
il completo	terno
cambio	troco
la tazza	xícara
anima	alma
banca	banco
becco	bico
prato	prado

ITALIANO	PORTUGUÊS
benzina	gasolina
bruto	feio
porre	pôr
buffo	engraçado
riso	arroz
burro	manteiga
busto	espartilho, cinta
salsa	molho
cena	ceia
fico	figo
morbido	macio
fumo	fumaça
scarpa	sapato, calçado
fungo	cogumelo
fuso	fundido
gamba	perna
genero	genro
oca	ganso
gesso	giz
lucido	lustro
stampa	imprensa
lama	lâmina
maestro	mestre
padrone	patrão
sete	sede
tappa	parada, etapa
truffa	fraude

TENTE PONTUAR AS FRASES

a) Matar o rei não é crime

b) Enquanto o padre pasta o burro reza

c) Quando Maria toma banho de sol sua mãe diz traga água fria

d) Ressuscitou não está aqui

e) Traga seu carro usado para nós ele vale o maior preço do mercado

f) Um fazendeiro tinha um bezerro e a mãe do fazendeiro era também o pai do bezerro

Resposta na página 206

SEQÜÊNCIA DE EVENTOS QUE GERAM UM TERREMOTO

1) Duas placas tectônicas se encontram.

2) As placas tectônicas separam-se ou deslizam uma sobre a outra (o tipo de contato determina o maior ou menor grau do terremoto).

3) Forças intensas superam a fricção entre as placas.

4) As placas ficam travadas, as forças aumentam e, conseqüentemente, as placas se movem violentamente para novas posições, criando um terremoto.

PLACAS TECTÔNICAS

1. Placa Juan de Fuca | 2. Placa Norte-americana
3. Placa Pacífica (do Pacífico) | 4. Placa de Cocos
5. Placa Caribenha | 6. Placa de Nazca
7. Placa Sul-americana | 8. Placa Antártica
9. Placa Escócia | 10. Placa Africana
11. Placa Arábica | 12. Placa Eurasiana
13. Placa Filipina | 14. Placa Indo-australiana

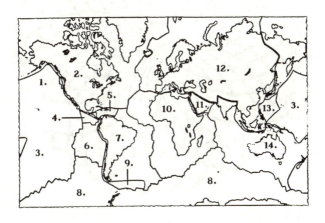

UMA ILUSÃO DENTRO DE OUTRA

Você pode ver pontos perceptíveis apenas na intersecção. Esses pontos dão a impressão de uma série de círculos concêntricos.

TULIPOMANIA

A "tulipomania" foi uma bolha especulativa que fez uma inocente flor levar muitos holandeses à falência. A tulipa era uma flor confinada a jardins de nobres ou estufas de botânicos. Por volta de 1634, cultivar tulipas virou moda. A demanda pelas flores coincidiu com um momento de grande prosperidade econômica na Holanda. O melhor momento para comprá-las era entre junho, quando os bulbos eram arrancados, e outubro, tempo do plantio. Os investidores compravam no inverno europeu para receber em uma data futura, a primavera. A procura crescia. As pessoas compravam os bulbos sem nunca os terem visto. Inúmeros atravessadores intermediavam as relações. O potencial vendedor negociava um contrato, com preço previamente estabelecido, para entregar os bulbos da tulipa a um comprador. Este, por sua vez, negociava o contrato com outros investidores. O preço de uma espécie de tulipa chegou a subir 1.000% em dois anos. Holandeses trocavam terrenos, casas, produções agrícolas, criações de animais, quase tudo por tulipas. Em fevereiro de 1637, a festa acabou. Começaram a circular rumores de que não existiriam mais compradores para os bulbos. Ninguém quis mais comprar tulipas, posto que a perspectiva de vendê-las com lucros parecia pouco provável. As tulipas não conseguiam mais ser vendidas e começaram a se deteriorar com o tempo; os contratos não foram honrados, a inadimplência disparou e muitos holandeses foram à bancarrota.

CADA LOUCO COM
A SUA MANIA

Ablutomania⟩ mania de lavar-se

Abulomania⟩ mania de indecisão

Bibliomania⟩ mania de acumular livros

Bruxomania⟩ mania de ranger os dentes

Campanomania⟩ mania de tocar sinos

Clinomania⟩ mania de ficar deitado

Demoniomania⟩ mania de demônios

Drapetomania⟩ mania de querer fugir de casa, andar sem destino

Dromomania⟩ mania compulsiva por viagens

Enomania⟩ mania por vinho

Ergomania⟩ mania de trabalhar

Eteromania⟩ mania de éter

Fagomania⟩ mania por comida

Hidromania⟩ mania por água

Infomania⟩ mania de acumular informações e acontecimentos

Macromania⟩ mania de achar que os objetos são maiores do que o normal

Melomania⟩ mania por música

Metromania⟩ mania de escrever versos

Mitomania⟩ mania de mentir ou exagerar

Morfinomania⟩ mania, desejo por morfina

Onicotilomania⟩ mania de cutucar as unhas

Oniomania⟩ mania de comprar

Patomania⟩ mania de doença

Plutomania⟩ mania de dinheiro

Sofomania⟩ mania de passar por sábio

Xenomania⟩ mania por coisas estrangeiras

Zoomania⟩ mania por animais

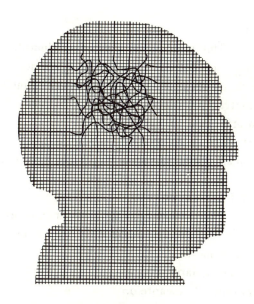

FUTEBOL:
A REGRA DO IMPEDIMENTO

Posição de impedimento

Estar em uma posição de impedimento não constitui uma infração em si. Um jogador estará em posição de impedimento se
> encontrar-se mais próximo da linha de fundo contrária que a bola e o penúltimo adversário.

Ele não estará impedido, porém, se
> encontrar-se na metade de campo do seu time; estiver na mesma linha que o penúltimo adversário ou na mesma linha que os dois últimos adversários.

Infração

Um jogador em posição de impedimento será punido apenas se, no momento em que a bola for tocada ou jogada por um de seus companheiros, encontrar-se, na opinião do juiz,
> interferindo no jogo;
> interferindo na ação de um adversário ou
> ganhando uma vantagem da posição em que está.

Não é infração

Não haverá falta de impedimento no caso de o jogador receber a bola diretamente de
> tiro de meta;
> arremesso lateral ou
> cobrança de escanteio.

Contravenções/ Sanções

Por qualquer impedimento, o árbitro deverá conceder um tiro livre indireto ao time adversário, cobrado do lugar onde a infração foi cometida.

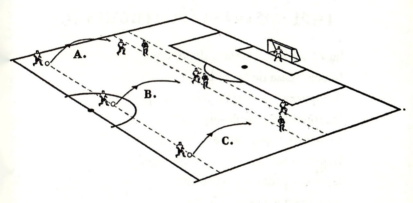

A. O atacante fica mais longe (mais afastado) da linha do gol do oponente do que os jogadores de defesa. Não é impedimento.
B. O atacante fica alinhado com os jogadores de defesa. Não é impedimento.
C. O atacante fica mais próximo da linha do gol do oponente do que os jogadores da defesa. É impedimento.

LISTA NEGRA

Estar com o nome em uma lista negra significa "estar marcado de uma forma negativa". Lista negra foi o nome dado por Charles II, rei da Inglaterra, à lista de juízes que haviam deposto e condenado seu pai e antecessor (Charles I) à morte em 1649.

TUPI-GUARANI/PORTUGUÊS (1)

Iara › senhor, senhora, dono, dona
Ibioca › casa de terra batida
Ibirapuera › mata que foi mata, que foi cortada
Iguatemi › rio verde-escuro
Itamarati › água entre pedras claras
Itapecerica › laje, pedra escorregadia
Itararé › pedra escavada, oca
Itaú › pedra preta; o ferro

RADICAL

A palavra deriva do latim *radicis* (raiz), logo, radical é a pessoa convicta de suas opiniões e postura e não as muda de forma alguma, já que elas estão enraizadas, arraigadas.

QUADROS FAMOSOS

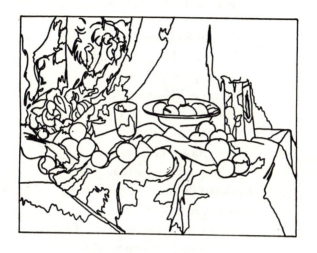

Natureza morta com maçãs (1890-1894)
Paul Cézanne, *francês*
Instituto de Arte - Chicago.

NO CREO EM BRUJERIAS, PERO QUE LAS HAY, LAS HAY...

Foi Miguel de Cervantes quem colocou esta frase num diálogo em que Sancho Pança se refere às lutas imaginárias de seu amo Dom Quixote.

PEÇAS DE SHAKESPEARE
(POR ORDEM DE PUBLICAÇÃO)

Tito Andrônico, 1594
Henrique VI – parte 2, 1594
A Megera Domada, 1594
Henrique VI – parte 3, 1595
Romeu e Julieta, 1597
Ricardo II, 1597
Ricardo III, 1597
Henrique VI – parte 1, 1598
Trabalhos de Amor Perdido, 1598
Henrique IV – parte 2, 1600
Sonho de uma Noite de Verão, 1600
O Mercador de Veneza, 1600
Muito Barulho por Nada, 1600
Henrique V, 1600
As Alegres Comadres de Windsor, 1602
Hamlet, 1604
Rei Lear, 1608
Péricles, príncipe de Tiro, 1609
Trólio e Créssida, 1609

PUBLICAÇÕES PÓSTUMAS:
Otelo, 1622
Henrique IV, 1623
Os Dois Cavalheiros de Verona, 1623
A Comédia dos Erros, 1623
Como Gostais, 1623
Júlio César, 1623
Noite de Reis, 1623
Medida por Medida, 1623

Bem Está o que Bem Acaba, 1623
Macbeth, 1623
Timão de Atenas, 1623
António e Cleópatra, 1623
Coriolano, 1623
Cimbeline, 1623
Conto do Inverno, 1623
A Tempestade, 1623
Henrique VIII, 1623

INFLUÊNCIA DO ÁRABE NO PORTUGUÊS

O árabe é o segundo idioma que mais contribuiu para a formação de palavras da língua portuguesa. Os árabes permaneceram na Península Ibérica de 711 a 1609, quando foram expulsos pelos cristãos. Durante este período de quase nove séculos, a forte influência exercida pelos invasores gerou a "importação" de termos, cujos sons foram adaptados. Alguns deles são:

Açougue | Açúcar | Álcool | Alface | Alfaiate
Alfândega | Álgebra | Algodão | Almanaque
Almíscar | Almôndega | Alquimia | Arroz | Café
Frango | Fulano | Gazela | Jarra | Macio
Moleque | Nuca | Oxalá | Sorvete | Talco
Tamarindo | Tarifa | Xarope | Xerife

? | 127

MÁFIA › COSA NOSTRA

ESTRUTURA HIERÁRQUICA

Comissão | *formada pelos cabeças das famílias mais poderosas*

Don ou Capo ou Chefe Supremo | *autoridade dos principais clãs*

Bougata ou Subchefe | *equivale a um vice-presidente ou diretor*

Consigliere | *conselheiro*

Caporegime | *capitão, abaixo do subchefe; intermediário entre os trabalhadores e o Don*

Soldado | *normalmente encarregado de uma das operações da família*

PIPOCA

A pipoca foi inventada acidentalmente por um índio, que deixou um grão de milho cair perto de uma fogueira. A palavra tem, assim, origem tupi (*pipoc*), e quer dizer "pele" (*pi*) "que arrebenta" (*poc*).

? | 128

MÁFIA

O termo vem de *mafia*, do dialeto siciliano inspirado na palavra árabe *mahyah*, que significa audácia, insolência. A máfia é uma sociedade secreta criada como forma de resistência às invasões da ilha da Sicília, no sul da Itália, por volta do século XVI. Com o passar do tempo, a associação começou a dedicar-se às práticas criminosas, bem como à formação de um poder paralelo, baseado em núcleos familiares, nos quais o chefe máximo é o membro mais poderoso do clã. As principais fontes de renda da organização são o tráfico de drogas, armas, jogos, seqüestros, extorsão de pessoas e empresas, fraudes em serviços e obras públicas, lavagem de dinheiro etc.

SÉTIMA ARTE

O cinema é conhecido como a sétima arte porque foi antecedido pelas seis artes tradicionais: arquitetura, literatura, pintura, música, dança e escultura. Diferentemente das outras, possui uma data comemorativa de seu nascimento, dezembro de 1895, quando foi exibida a primeira sessão em Paris.

TIPOS DE MASSAS

1. Capelette | 2. Lasanha | 3. Ravióli | 4. Fidelinho
5. Rigatone | 6. Espiral | 7. Tortinho | 8. Conchinha
9. Penne | 10. Fusille | 11. Conchigle | 12. Argolinha
13. Ave-Maria | 14. Ruote | 15. Espaguete | 16. Estrelinha
17. Canelone | 18. Talharim | 19. Risoni | 20. Farfalle
21. Nhoque | 22. Letrinha | 23. Furadinho
24. Cabelo de Anjo | 25. Fetuccine | 26. Padre-Nosso

ASSASSINOS

Homicida 〉 de outra pessoa

Genocida 〉 de grupo étnico ou de uma nação

Suicida 〉 de si próprio

Parricida 〉 do pai

Matricida 〉 da mãe

Fratricida 〉 do irmão ou irmã

Mariticida 〉 do marido

Infanticida 〉 de criança

Uxoricida 〉 da esposa

Regicida 〉 de rei

Deicida 〉 de Deus

Filicida 〉 do filho

SIMBIOSE

Vem do grego *syn* (junto) e *bios* (vida). Na natureza, o nome é dado ao processo de benefícios mútuos entre as espécies. A palavra também é usada no meio empresarial, quando diferentes áreas se auxiliam para promover o sucesso do todo.

PEDRAS DO MÊS

O costume de se usar jóias com pedras preciosas e semipreciosas começou na Polônia no século XVIII. Acreditava-se que as pedras sempre foram grande fonte de energia e proteção contra diversos males. A seleção varia de país para país, influenciada pela disponibilidade das gemas, tradições locais ou a moda.

JANEIRO
granada

FEVEREIRO
ametista

MARÇO
água-marinha, jaspe

ABRIL
diamante e safira

MAIO
ágata, esmeralda

JUNHO
pérola, esmeralda, pedra da Lua

JULHO
rubi, ônix

AGOSTO
peridoto, cornalina

SETEMBRO
safira, crisólita

OUTUBRO
opala, água-marinha, turmalina

NOVEMBRO
topázio

DEZEMBRO
rubi, turquesa, zircônia

CARBONO 14

Todos os seres vivos, todas as plantas e animais possuem em seus corpos uma quantidade, embora pequena, de carbono radioativo, que absorvem ao respirar e se alimentar. Quando os seres morrem, no entanto, a radiação vai, naturalmente, diminuindo e com o carbono 14 é possível medir esta diminuição.

Um pedaço de osso ou de madeira encontrado em uma escavação pode ser enviado a um laboratório para medir a quantidade de carbono radioativo. Quanto menos carbono, mais antigo é. O resultado do exame (com margem pequena de imperfeição) será o conhecimento de quando a árvore ou o animal viveram e, assim, de quando viveu o povo que se utilizou deles.

O carbono 14 permite datar há quantos anos, séculos ou milênios viveram os primeiros povos no mundo.

? | 133

O SINCRETISMO DOS ORIXÁS E SANTOS CATÓLICOS NO BRASIL

Oxalá, *o mais elevado dos deuses iorubás* › Nosso Senhor do Bonfim

Ogum, *Deus dos guerreiros* › Santo Antônio, na Bahia; São Jorge, no Rio de Janeiro

Xangô, *Deus do trovão* › São Jerônimo

Oxum, *Deusa das águas doces, da fecundidade e do amor* › Nossa Senhora das Candeias, na Bahia; Nossa Senhora dos Prazeres, em Recife

Oiá-Iansã, *Deusa das tempestades, dos ventos e dos relâmpagos*› Santa Bárbara

Oxóssi, *Deus dos caçadores* › São Jorge, na Bahia; São Sebastião, no Rio de Janeiro

Iemanjá, *Deusa dos mares e oceanos* › Nossa Senhora da Imaculada Conceição

Obaluaê ou Omolu, *Deus da varíola e das doenças* › São Lázaro e São Roque, na Bahia; São Sebastião, no Recife e no Rio de Janeiro

Oxumaré, *Deus da chuva e do arco-íris* › São Bartolomeu

Exu, *Mensageiro e guardião dos templos, das casas e das pessoas* › Diabo

? | 134

Ossain, *Divindade das plantas medicinais e litúrgicas* › São Benedito

Obá, *Deusa dos rios* › Santa Catarina

Naná, *Deusa da lama* › Sant'Ana (Nossa Senhora Santana)

Logun Edé, *Deus andrógino. Considerado o príncipe das matas* › Santo Expedito

Ibejis, *Deus da alegria, das brincadeiras e da infância* › São Cosme e Damião

Olodumaré, *Deus supremo. Criador dos orixás* › Nenhum culto ou santo católico lhe é destinado

FUNDAÇÃO DAS GRANDES LOJAS PARISIENSES

Belle Jardinière | 1824

Bon Marché | 1852

Bazar de l'Hôtel de Ville | 1856

Printemps | 1859

Samaritaine | 1869

Galeries Lafayette | 1895

TUPI-GUARANI/PORTUGUÊS (J)

Jabaquara > refúgio dos fujões
Jaborandi > o que faz salivar
Jaburu > o que tem o papo cheio
Jaçanã > o que grita alto
Jacaré > aquele que olha de lado, aquele que é torto
Jacobina > jazida de cascalhos
Jaguarybe > no rio das onças
Jandaia > periquito-rei
Jaú > o comedor, o comilão, nome de um peixe fluvial
Jericoaquara > cova, buraco, lugar das tartarugas
Juca > estagnado, podre, falando-se de brejos e atoleiros
Jururu > boca comprida, bico comprido

SINERGIA

O grego *sinergein* significa "trabalhar junto". Foi usado na ciência, a partir do século XIX, para designar fenômenos em que a combinação de dois elementos possuía maior efeito sobre o organismo do que o uso deles isoladamente. No caso de fusões empresariais, usa-se o termo para designar situações nas quais o conjunto se torna maior que a soma das partes.

BICHOS DO HORÓSCOPO CHINÊS

Diz a lenda que Buda, pouco antes de morrer, chamou todos os bichos para se despedir. Apareceram doze. Como recompensa, ele deu a cada ano o nome de um animal, por ordem de chegada: RATO, BOI, TIGRE, COELHO, DRAGÃO, SERPENTE, CAVALO, CARNEIRO, MACACO, GALO, CACHORRO e JAVALI.

1912 · 1924 · 1936
1948 · 1960 · 1972
1984 · 1996 · 2008

1913 · 1925 · 1937
1949 · 1961 · 1973
1985 · 1997 · 2009

1914 · 1926 · 1938
1950 · 1962 · 1974
1986 · 1998 · 2010

1915 · 1927 · 1939
1951 · 1963 · 1975
1987 · 1999 · 2011

1916 · 1928 · 1940
1952 · 1964 · 1976
1988 · 2000 · 2012

1917 · 1929 · 1941
1953 · 1965 · 1977
1989 · 2001 · 2013

1918 · 1930 · 1942
1954 · 1966 · 1978
1990 · 2002 · 2014

1919 · 1931 · 1943
1955 · 1967 · 1979
1991 · 2003 · 2015

1920 · 1932 · 1944
1956 · 1968 · 1980
1992 · 2004 · 2016

1921 · 1933 · 1945
1957 · 1969 · 1981
1993 · 2005 · 2017

1922 · 1934 · 1946
1958 · 1970 · 1982
1994 · 2006 · 2018

1923 · 1935 · 1947
1959 · 1971 · 1983
1995 · 2007 · 2019

EVITE REDUNDÂNCIAS

Encarar de frente
Vi com meus próprios olhos
Todos são unânimes
Ganhar grátis
Inserido no contexto
Repetir de novo
Ambos os dois
Manter o mesmo
Subir para cima
Descer para baixo
Entrar para dentro
Sair para fora
Hemorragia de sangue
Mata verde
Gentilmente cedido

PARADOXO

Paradoxo é uma figura de linguagem que descreve uma incoerência ou algo que desafia o senso comum. Uma forma de paradoxo é a justaposição de significados contrários ou contraditórios. Exemplos: doce martírio, amargo prazer, escuro clarão, luto jubiloso.

? | 138

QUADROS FAMOSOS

O NASCIMENTO DE VENUS (1485-1489)
SANDRO BOTTICELLI, *italiano*
Galeria Uffizi - Florença.

BOLSA DE VALORES

A primeira Bolsa de Mercadorias foi criada no século XIV em Bruges, na Bélgica. A palavra "Bolsa" para designar o mercado de valores surgiu devido ao fato de que as transações financeiras realizavam-se regularmente em uma propriedade da família Van der Burse, cujo brasão ostentava o desenho de três bolsas.

DIAMANTE

A graduação do diamante é rigidamente estruturada. A maioria dos negociadores busca brilhantes redondos, com 57 facetas, coroa e ângulos dos pavilhões padronizados e proporções de mesa ideais. Quando os sistemas de graduação de cor e pureza do GIA (Gemological Institute of America) foram estabelecidos na década de 30, tornaram-se um padrão mundial. Quanto à cor, o maior grau de descoloração é "D", e cada nova letra acrescida até "Z" indica uma coloração mais amarelada. Um grau de coloração próximo ao "D" demonstra que o diamante é mais raro e mais caro. Todos os diamantes são classificados segundo onze graus de pureza, do "perfeito" ao "imperfeito", cujos defeitos são visíveis.

COMO LIMPAR SEUS BRILHANTES

Prepare uma solução de amoníaco, água morna e detergente. A proporção é de duas xícaras de água para cada colher de chá de amoníaco e algumas gotas de detergente. Mergulhe as pedras na espuma desta solução e escove suavemente. Enxágüe em água morna. Em seguida, mergulhe por alguns minutos em álcool e seque num lenço de papel.

CORTE DAS PEDRAS

1. Corte em baguete | 2. Lapidação em brilhante
3. Corte em cabuchão | 4. Lapidação octogonal
5. Lapidação em esmeralda | 6. Corte francês
7. Corte oval | 8. Corte em roseta
9. Lapidação em tesoura | 10. Corte retangular
11. Corte em mesa | 12. Marquise | 13. Corte em pêra | 14. Briolete facetado

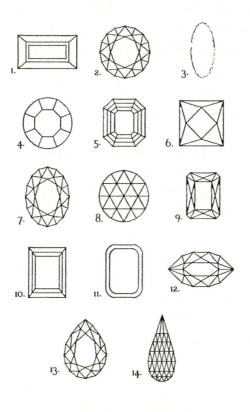

TUPI-GUARANI/PORTUGUÊS (M)

Maceió › lagoeiro, inundação que se forma por águas de chuva ou pelas marés

Mãe › olhar

Maloca › casa de guerra, casa forte para a luta

Manacá › bonita flor branca e azul de suave perfume

Mantiqueira › a chuva que goteja

Maracá › chocalho

Maracanã › nome de uma arara, de papagaio

Maranduba › notícias, boatos de guerra

Maranguape › no vale da batalha ou da luta

Maranhão › mar corrente

Mauá › nome da elevação do terreno entre os baixos alagados que o rodeiam

Mira › povo, nação

Mocó › nome geral dos animais roedores

Mococa › roçado, plantação

Mocotó › mão desarticulada de boi, vaca

Moema › mentira, calúnia, falsidade

Monga › pegajoso, viscoso

Mooca › construir, fazer casas

Muquirana › piolho da pele

Moranga › belo, formoso, lindo

Morumbi › colina verde

Mossoró › fazer romper, rasgar

INDUÇÃO X DEDUÇÃO

Na lógica, indução é o processo do raciocínio que parte do particular para o geral, enquanto a dedução parte do geral para o particular.

NÃO CONFUNDA:

Esquadria de alumínio
X
Esquadrilha da fumaça

Dar uma canja
X
Cancha de charqueada/ Abrir cancha:
dar passagem, lugar

O animal foi abatido com um tiro de fuzil.
X
O fusível da casa queimou

LACOSTE

Certa vez, o famoso tenista francês René Lacoste venceu uma aposta e ganhou uma mala de crocodilo. Junto com o presente veio o apelido. Em 1933, quando lançou suas camisas pólo, decidiu adotar o simpático crocodilo como logotipo.

PANDORA

Pandora, que vem do grego *pan* (geral) e *doron* (presente), foi a primeira mortal a nascer no Olimpo. Os deuses, com pena de sua condição de mortal, deram-lhe uma caixa, onde estavam guardadas todas as desgraças humanas que ela teria em vida. Enquanto a caixa ficasse fechada, Pandora só teria alegrias. Porém, ela não resistiu à curiosidade e abriu a caixa, deixando escapar e espalhando todas as tragédias pelo mundo. A famosa expressão "caixa de Pandora" refere-se a algo que, uma vez iniciado ou colocado na mesa, desencadeia uma série de problemas.

HOBBY

No século XV, Robbie era um nome comum para um cavalinho, personagem recorrente nos teatros de marionetes. Passados muitos anos, surgiram os cavalinhos de madeira para crianças, que, por sua vez, foram chamados de hobbiehorses. Apenas no século XIX, a palavra horse foi suprimida do termo, gerando hobby. Assim, hobby anteriormente significava brinquedo, para só depois tornar-se sinônimo de recreação.

ILUSÃO DE ÓTICA

Mexa a página para a esquerda e para a direita. A figura central parece se mover de forma independente do resto do plano. Além disso, as duas figuras parecem estar em planos diferentes.

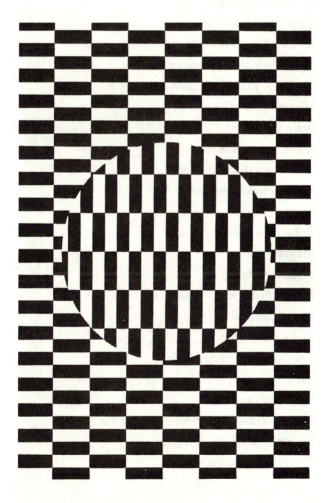

COZINHA JAPONESA

Akagai › *tipo de molusco*

Anago › *enguia do mar*

Bancha › *chá verde torrado*

Ebi › *camarão grande cozido*

Gari › *gengibre fatiado*

Guioza › *pastel recheado com carne de porco*

Hamachi › *atum do rabo amarelo*

Hashis › *"pauzinhos" usados como talher*

Hirame › *peixe branco*

Ika › *lula*

Ikura › *ovas de salmão*

Kaibashira › *vieiras grandes*

Kani › *caranguejo cozido*

Kappa › *pepino*

Kobashira › *vieiras pequenas*

Maguro › *atum*

Masu › *truta*

Missoshiro › *sopa de peixe com pasta de soja*

Nori › *folhas de alga seca*

Ocha › *chá verde*

Robata › *espetinho grelhado*

Saba › *cavalinha*

Sake › *salmão*

Saquê › *bebida fermentada à base de arroz*

Sashimi › *peixe cru, sem arroz*

Shoyu › *molho de soja*

Sukiyaki › *cozido de carne e legumes em caldo de soja adocicado*

Sushi › *fatia de peixe sobre arroz*

Tako › *polvo*

Tamago › *ovo*

Tekka Maki › *rolinho de atum e arroz*

Temaki › *sushi enrolado em alga em formato de cone*

Tempura › *pedaços de legumes e camarões empanados e fritos*

Teppaniyaki › *grelhado de carne, frango, peixe ou frutos do mar, acompanhado de legumes*

Toro › *atum gordo*

Unagi › *enguia de água doce*

Uni › *ouriço-do-mar*

Uramaki › *enrolado de arroz por fora com recheios variados*

Wasabi › *raiz forte*

Yakimeshi › *arroz temperado com ovos, presunto e legumes picados*

Yakisoba › *macarrão frito, servido ao molho de shoyu e legumes, podendo levar carne ou frutos do mar*

OS SETE MARES

Antártico | Ártico | Atlântico Norte

Atlântico Sul | Índico

Pacífico Norte | Pacífico Sul

BARATAS

É inegável: matar uma barata requer uma certa dose de habilidade e paciência! A bichinha possui muita técnica para perceber, reagir e resistir a qualquer ameaça. Alguns dos atributos que a ajudam a escapar são:

pelinhos das patas > funcionam como uma biruta, indicando a direção do ar e, conseqüentemente, o ventinho produzido por aproximações suspeitas.

esqueleto flexível > permite que a bichinha se entorte e se esconda em locais estratégicos.

audição sensível > uma barata é capaz de ouvir até os passos de outra companheira.

visão apurada > enquanto os olhos humanos possuem uma lente, os do inseto possuem duas mil.

antenas > percebem cheiros, umidade e calor.

KALUNGA

É o nome do deus do mar, na mitologia do Congo e de Angola, cujo correspondente na mitologia grega é Posseidon (ou Netuno, segundo a romana).

GABRIEL

Gabriel é o único arcanjo comum às três religiões monoteístas. No judaísmo, é o anjo da Justiça e do rigor que, entre outras atribuições, deve preparar a destruição das pecadoras cidades de Sodoma e Gomorra. No cristianismo, anuncia o nascimento do filho de Deus a Maria. No islamismo, revela o Alcorão ao profeta Maomé.

NÓ DA GRAVATA

Este é o nó Windsor — o favorito do Duque para acompanhar colarinhos vistosos. É o melhor para gravatas de seda. Empresta ao portador um visual "forte"!

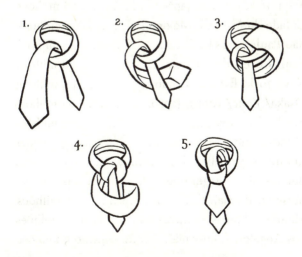

CAVALOS

Alazão ﹥ é o cavalo que tem a cor de canela, avermelhado.

Baio ﹥ é o cavalo que tem cor de ouro desmaiado, castanho amarelado.

Tordilho ﹥ é o cavalo com pêlo na cor branco-sujo e salpicado de pequenas manchas pretas ou vice-versa.

MAIORES CIDADES
(SEGUNDO A POPULAÇÃO DA ÁREA METROPOLITANA)

Tóquio/ Yokohama, Japão ....28 milhões
Cidade do México, México..................25 milhões
São Paulo, Brasil....................................20 milhões
Seul, Coréia do Sul.............................18 milhões
Nova York, Estados Unidos................14,5 milhões
Osaka/ Kobe/ Kioto, Japão...................14 milhões
Bombaim, Índia.....................................13 milhões
Calcutá, Índia.......................................13 milhões
Rio de Janeiro, Brasil.........................12,5 milhões
Buenos Aires, Argentina.......................12 milhões
Moscou, Rússia..................................10,5 milhões
Manila, Filipinas................................10,5 milhões
Los Angeles, Califórnia.......................10,5 milhões

EMOTICONS

:-)	Oi	+-:-)	Papa
;-)	Piscadela	:-Q	Fumante
:-(	Olhar carrancudo	:-?	Fumando cachimbo
:-I	Indiferença		
:->	Sarcástico	:-7	Fumando charuto
>:->	Diabólico	:-/	Cético
:-o	Oh!	%-)	Confuso
:-C	Surpreso	C=:-)	Chefe de cozinha
:-|	Amargo	@:-)	Usando um turbante
:-,	Sorriso forçado		
:-||	Nervoso	:-)8	Usando gravata-borboleta
:-x	Beijando		
:-"	Lábios franzidos	!-(	Olho roxo
:-#	Meus lábios estão fechados	5:-)	Elvis
		:,(	Chorando
8-|	Espanto	=):-)=	Abraham Lincoln
>-<	Absolutamente lívido!	%-)	Confuso
		*<:-)	Papai Noel
:-}	Com bigode	0:-)	Anjo
(-:	Canhoto	:( )	Boca grande
:*)	Bêbado	:-#	Usando aparelho
[:]	Robô	:-@	Gritando
8-)	Usando óculos	:-M	Não fale mal
B:-)	Óculos na cabeça	:-Y	Um aparte
:-{}	Usando batom	:-| :-|	Déjà-vu
{:-)	Usando peruca	@}->--	Rosa

? | 151

FALSOS AMIGOS

(PALAVRAS PARECIDAS,
SIGNIFICADOS DIFERENTES)

FRANCÊS	PORTUGUÊS
robe	vestido
outil	instrumento
bâton	bastão
rente	renda
garçon	rapaz
attendre	esperar, aguardar
pourtant	entretanto, no entanto
carte	mapa, cartão
femme	mulher
coq	galo
livre	livro
bois	bosque
lunettes	óculos
ta	tua
ton	teu
par	por
décéder	falecer
monter	subir
depuis	desde
où	onde

FRANCÊS	PORTUGUÊS
campagne	campo
boutons	abotoadura
village	aldeia
avant	antes
bonbon	bala
entendre	ouvir
le ballon	bola
la tête	cabeça
le cigare	charuto
la cigarette	cigarro
la panne	defeito no carro
la vedette	estrela de cinema
la glace	sorvete, gelo
la bijouterie	joalheria
débutant	principiante
cambrioler	roubar
santé	saúde
la capsule	tampinha de garrafa
la tasse	xícara, taça

GRÃ-FINO

Grã-fino, apesar de parecer uma contração de grande e refinado, refere-se a um grão que podia ser dissolvido em partículas muito finas, formando um pó: o grão-fino. Este, misturado a corantes, era usado nas bochechas pelos aristocratas, especialmente em ocasiões festivas.

TUPI-GUARANI/PORTUGUÊS (P)

Paca › acordar, despertar, ficar alerta

Pacová › erva de propriedades medicinais

Pai › padre, ancião, pessoa respeitável

Panamá › borboleta

Paraguay › o rio das coroas, dos cocares

Parayba › rio ruim, pouco navegável, de pouco peixe

Patim › armar a rede

Pavuna › lagoa escura, preta

Pé › caminho, trilho

Pena › quebrar, fazer em pedaços

Pernambuco › o furo do mar, a entrada do mar

Pindamonhangaba › lugar onde se fazem anzóis

Pipoca › pele que estala, arrebenta

Pirassununga › o ronco do peixe, o ruído feito pelo acúmulo de peixes

Porangaba › beleza

Pururuca › que produz barulho, ruídos, estalidos: aplica-se a substâncias torradas que, quando comidas, fazem barulho

METONÍMIA

A metonímia é uma figura de linguagem que representa o todo através de uma de suas partes. É muito utilizada em representações gráficas. Para representar os esportes, por exemplo, são utilizados detalhes dos equipamentos de cada um deles. Nos sinais para orientação de usuários em terminais de transportes, os talheres representam um restaurante, a taça, um bar, e assim sucessivamente.

SUICIDAS ILUSTRES

Adolf Hitler, estadista alemão | *deu um tiro na cabeça*

Alberto Santos Dumont, inventor brasileiro | *enforcou-se com uma gravata*

Alfried Friedrich Krupp, industrial alemão | *deu um tiro na cabeça*

Aníbal, general cartaginês | *bebeu uma poção de veneno que trazia no anel*

Aristóteles, filósofo grego | *envenenou-se com cicuta*

Arshile Gorky, artista plástico armeno | *enforcou-se*

Bruno Bettelheim, psicólogo austríaco, naturalizado norte-americano | *sufocou-se com um saco plástico*

Caio Graco, tribuno do povo romano | *obrigou um escravo a trespassá-lo com uma espada*

Capucine, modelo e atriz francesa | *atirou-se de seu apartamento, no oitavo andar*

Charles Boyer, ator francês, naturalizado norte-americano | *overdose de barbitúricos e álcool*

Chet Baker, músico norte-americano | *atirou-se pela janela de um hotel*

? | 156

Cheyenne Brando, filha de Marlon Brando | *enforcou-se na cama de seu quarto*

Cláudio Manuel da Costa, poeta brasileiro | *enforcou-se*

Cleópatra VII, rainha egípcia | *deixou-se picar no seio esquerdo por uma víbora*

Demóstenes, político grego | *ingeriu cicuta*

Empédocles, filósofo e estadista grego | *atirou-se dentro de um vulcão*

Eratóstenes de Cirene, escritor grego | *inanição*

Ernest Hemingway, escritor norte-americano | *deu um tiro de espingarda na boca*

Erwin Rommel, marechal alemão, nazista | *envenenou-se*

Eva Braun, amante e esposa de Hitler | *ingeriu cianureto com champagne*

Francesco Bassano, pintor italiano | *atirou-se pela janela*

Francesco Borromini, arquiteto e escultor italiano | *jogou-se sobre uma espada*

Frederico I - Barba Roxa, imperador romano-germânico | *afogou-se no rio Selef, na Cilícia*

Getúlio Vargas, estadista brasileiro | *deu um tiro no peito*

? | 157

Gilles Deleuze, filósofo francês | *atirou-se pela janel*

Guy de Maupassant, escritor francês | *cortou a garganta com uma navalha*

Hermann Goering, político alemão, nazista | *envenenou-se*

Janovski Gogol, escritor e dramaturgo russo | *inanição*

Jean-Michel Basquiat, artista plástico norte-americano | *overdose de heroína*

Jim Jones, líder religioso norte-americano | *deu um tiro na cabeça*

Jim Morrison, roqueiro norte-americano | *overdose de álcool e drogas*

Joseph Goebbels, político alemão nazista | *deu um tiro na cabeça, após envenenar esposa e filhos*

Judas Iscariotes, apóstolo de Jesus Cristo | *enforcou-se*

Judy Garland, atriz norte-americana | *overdose de tranqüilizantes e vodca*

Kurt Cobain, músico norte-americano | *injetou heroína e deu um tiro na boca*

Licurgo, legislador grego | *inanição*

Ludwig II, rei da Baviera | *atirou-se em um lago*

? | 158

Margaux Hemingway, atriz norte-americana | *overdose*

Maria Olenewa, bailarina russa | *atirou-se de seu apartamento*

Mário de Sá Carneiro, poeta português | *envenenou-se com arsênico*

Marylin Monroe, atriz norte-americana | *overdose de barbitúricos e álcool (contestado)*

Pedro Nava, escritor brasileiro | *deu um tiro na cabeça*

Piotr Tchaikovski, compositor e regente russo | *duas versões: bebeu água contaminada durante epidemia de cólera ou envenenou-se*

Pitágoras, filósofo e matemático grego | *morreu de fome, após jejuar por 40 dias*

Pôncio Pilatos, militar romano | *matou-se com uma espada*

Primo Levi, escritor italiano | *atirou-se pelo vão da escada do prédio onde morava*

Rainer Werner Fassbinder, cineasta alemão | *overdose de drogas*

Roland Barthes, pensador francês | *atirou-se sob um veículo*

Romy Schneider, atriz vienense | *overdose de soníferos*

? | 159

Safo, poetisa grega | *atirou-se de um rochedo ao mar*

Salvador Allende, estadista chileno | *deu um tiro na cabeça*

Sêneca, filósofo romano | *cortou os pulsos*

Simone Weil, pensadora e mística francesa | *ingeriu barbitúricos*

Sócrates, filósofo grego | *envenenou-se com cicuta*

Stefan Zweig, escritor austríaco | *overdose de medicamentos*

Sylvia Plath, poetisa norte-americana | *pôs a cabeça dentro do forno com o gás ligado*

Vincent Van Gogh, pintor holandês | *deu um tiro no peito*

Virgínia Woolf, escritora inglesa | *atirou-se num rio com os bolsos cheios de pedras*

Walter Benjamin, filósofo alemão | *envenenou-se com morfina*

Yukio Mishima, escritor japonês | *praticou o haraquiri*

Zenão de Cicio, filósofo grego | *enforcou-se*

GATO OU RATO?

TUPI-GUARANI/PORTUGUÊS (R)

Rubi › melindroso, delicado, que requer trato cerimonioso

ROYALTY

    É o pagamento que alguém recebe por ceder um direito. O termo surgiu do francês royal (do rei), em um período no qual todas as terras de um país pertenciam à família real, e os súditos eram obrigados a pagar uma quantia por usá-las.

ILUSÃO DE ÓTICA

Estes círculos são totalmente redondos. A ilusão de que estão tortos deve-se ao fato de que foram traçados como cordas torcidas.

CAFEÍNA

A cafeína, um alcalóide de purina básico, é talvez a droga psicoativa mais amplamente consumida no mundo. Prontamente solúvel em água quente, a cafeína tem seu ponto de fusão a 235°C. Dependendo da força e da fermentação, 150 ml de café podem conter entre 30 e 180 mg de cafeína, o que é bastante se comparado a 360 ml de refrigerante, que contêm de 30 a 60 mg.

TRAVA LÍNGUA

Tristes tigres
Três pratos
de trigo
para três tigres
tristes.

FRAGRÂNCIAS

$\left(\begin{array}{c}\text{CLASSIFICAÇÃO POR}\\\text{CONCENTRAÇÃO DE FRAGRÂNCIA}\end{array}\right)$

Perfume › 20-30%

Eau de Parfum › 18-25%

Água de Colônia › 15-18%

Colônia › 5-7%

BOI NA LINHA

A expressão "boi na linha" significa o anúncio de uma dificuldade inesperada. Sua origem data do início da construção das estradas de ferro, quando inexistiam cercas para proteger as linhas. Com isso, os bois normalmente se deitavam sobre elas, causando algum transtorno para os viajantes.

BREVE CONTRA LUXÚRIA

Diz-se que uma mulher é um breve contra a luxúria quando ela é extremamente feia.

QUADROS FAMOSOS

A Mona Lisa (1503-1506)
Leonardo da Vinci, *italiano*
Louvre - Paris.

A PALAVRA É DE PRATA, O SILÊNCIO É DE OURO

A frase é perfeita para várias situações sociais. Foi título de um filme de René Clair, *Le silence est d'or,* interpretado por Maurice Chevalier, e que tinha como tema o cinema mudo.

LITERATURA BRASILEIRA: PRINCIPAIS AUTORES

BARROCO OU SEISCENTISMO

Gregório de Matos, Padre Antônio Vieira

ARCADISMO OU SETECENTISMO

Cláudio Manuel da Costa, Tomás Antônio
Gonzaga, Silva Alvarenga, Alvarenga Peixoto,
Santa Rita Durão, Basílio da Gama

ROMANTISMO

Gonçalves Dias, Álvares de Azevedo,
Casimiro de Abreu, Junqueira Freire,
Fagundes Varela, Castro Alves,
José de Alencar, Manuel Antônio de Almeida,
Joaquim Manuel de Macedo, Visconde de Taunay,
Bernardo Guimarães, Franklin Távora

REALISMO/ NATURALISMO/ PARNASIANISMO

Machado de Assis, Aluísio Azevedo,
Raul Pompéia, Olavo Bilac, Raimundo Correia,
Alberto de Oliveira

SIMBOLISMO

Cruz e Sousa, Alphonsus de Guimaraens,
Pedro Kilkerry

PRÉ-MODERNISMO
Euclides da Cunha, Graça Aranha, Lima Barreto,
Monteiro Lobato, Augusto dos Anjos

MODERNISMO
Oswald de Andrade, Mário de Andrade,
Manuel Bandeira, Antônio de Alcântara
Machado, Graciliano Ramos, José Lins do Rego,
Rachel de Queiroz, Jorge Amado, Érico Veríssimo,
Carlos Drummond de Andrade, Murilo Mendes,
Jorge de Lima, Vinícius de Moraes,
Cecília Meireles

GERAÇÃO DE 45 OU PÓS-MODERNISMO
Clarice Lispector, Guimarães Rosa,
João Cabral de Melo Neto

GERAÇÃO

O espaço de tempo entre uma geração e
outra é de aproximadamente 25 anos, período no
qual um homem constitui família e gera seus filhos.
Cada século, portanto, compreende quatro gerações.

TRAVA LÍNGUA

Pedro
Se o Pedro é preto,
o peito do Pedro é preto
e o peito do pé do Pedro é preto

? | 167

OS MAIORES LAGOS
DO MUNDO

LAGO/LOCALIZAÇÃO   ÁREA(KM²)

Lago/Localização	Área(km²)
Mar Cáspio, Ásia	438.000
Superior, Canadá-EUA	82.415
Vitória, Quênia-Tanzânia-Uganda	69.485
Mar de Aral, Cazaquistão-Uzbequistão	67.770
Huron, Canadá-EUA	59.595
Michigan, EUA	58.015
Baikal, Rússia	34.018
Tanganica, Congo-Tanzânia	32.893
Grande Lago do Urso, Canadá	31.792
Grande Lago do Escravo, Canadá	28.935
Maláui, Moçambique-Tanzânia	28.500
Chade, Chade-Níger-Nigéria	26.000
Erie, Canadá-EUA	25.745
Winnipeg, Canadá	24.085
Ontário, Canadá-EUA	19.530
Balkhach, Cazaquistão	18.430
Ladoga, Rússia	18.000
Maracaibo, Venezuela	16.320
Onega, Rússia	9.750
Turkana, Quênia-Etiópia	9.100

RELÂMPAGOS

Os relâmpagos são classificados em seis tipos, a partir de onde nascem e onde terminam. Podem ocorrer:

1. de uma nuvem para o solo;
2. do solo para a nuvem;
3. dentro da nuvem;
4. da nuvem para um ponto qualquer na atmosfera;
5. da nuvem para cima;
6. entre nuvens, o tipo mais comum.

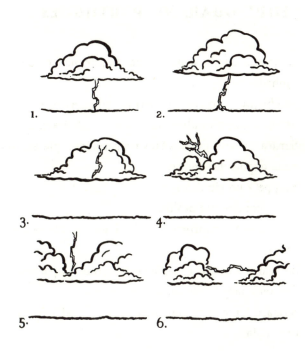

SPA

Spa é o nome de uma cidade no leste da Bélgica, famosa por suas águas medicinais e curativas. Spa também significa *Sanitas per acquas* — "saúde pelas águas", expressão que teria se originado nas mais antigas tradições, onde a água aparece em muitos rituais de cura e purificação. Spa virou símbolo de centros de estética em todo o mundo.

TUPI-GUARANI/PORTUGUÊS (s)

Samambaia › de sama, corda, fio, trançado, emaranhado

Sambaqui › restos de ostras, conchas e outros detritos que os indígenas deixaram à beira-mar

Sarará › inseto de asas ruivo-amareladas que enxameia depois das chuvas

Serjipe › no rio dos siris

Siri › aquele que desliza

Sorocaba › a ruptura do solo, lugar de rasgões na terra

Sororoca › rasgar em diversos lugares ou partes

Sucuri › morde rápido, atira o bote

Sumaré › nome de uma orquídea da qual se extrai uma cola

METONÍMIA
DE ESPORTES

? | 171

ANTES DA FAMA

Adolpho Bloch › tipógrafo e vendedor de terrenos

Aérton Perlingeiro › jogador de basquete, revisor de jornal

Agildo Ribeiro › vendedor de automóveis

Aguinaldo Silva › repórter policial

Airton Rodrigues › diagramador de jornal

Ana Maria Braga › executiva da editora Abril

Assis Chateaubriand › mordomo, balconista de loja de tecidos

Benedito Ruy Barbosa › caixeiro, auxiliar de escrevente, comerciante de café, jornalista

Bolinha › repórter esportivo da rádio Excelsior

Boni › coroinha, vendedor de caixões, redator de humor

Capitão Aza › lavador de pratos nos EUA, comissário de polícia

Carlos Alberto de Nóbrega › advogado

Cassiano Gabus Mendes › sonoplasta, ator

César de Alencar › juvenil do Flamengo, ponta-direita do Carioca Esporte Clube, vendedor de eletrodomésticos

Chacrinha › orador de catecismo, vitrinista, baterista, investigador de polícia e corretor de imóveis

? | 172

Daniel Filho › ponto, figurante, lanterninha, palhaço, cantor, bilheteiro de circo e do Teatro Folies, em Copacabana

Dedé Santana › baleiro, bilheteiro, vendedor de pipoca, malabarista, trapezista, ginasta de circo, eletricista, contra-regra, ponto, maquinista, engraxate, verdureiro e auxiliar mecânico

Dênis Carvalho › dublador e locutor esportivo

Edir Macedo › servente

Fausto Silva › repórter esportivo

Fernanda Montenegro › professora de português para estrangeiros

Flávio Cavalcanti › funcionário do Banco do Brasil, tesoureiro da Alfândega

Francisco Cuoco › feirante, vendedor de filtro de óleo para carros, locutor da Rádio Clube de Santo André, dublador do mocinho George Raft na série "Eu Sou a Lei" (I'm the Law)

Gilberto Braga › crítico teatral no jornal *O Globo* e professor da Aliança Francesa

Glória Maria › telefonista

Goulart de Andrade › mecânico, motorista de táxi e caminhão, piloto de aviação

Gugu Liberato › coroinha

Ibrahim Sued › fotógrafo de campo de futebol

Ivani Ribeiro › cantora folclórica

? | 173

Jacinto Figueira Júnior > cantor, corretor de imóveis, contato de publicidade, garçom

João Saad > caixeiro-viajante

Joelmir Betting > bóia-fria

Lima Duarte > auxiliar de escritório, porteiro, carregador de frutas, sonoplasta

Lombardi > alfaiate

Luciano Huck > colaborador da revista *Playboy*, colunista do *Jornal da Tarde*

Manoel de Nóbrega > taquígrafo

Marcelo Resende > mecânico

Marília Gabriela > modelo

Marina Miranda > cantora lírica

Marisa Urban > professora de inglês, tradutora, jogadora de vôlei

Mauro Montalvão > vendedor de mariola, carpinteiro, taxista, caminhoneiro e repórter de campo de futebol

Miguel Falabella > professor de inglês

Moacyr Franco > pintor de cartazes de cinema e frases de pára-choque de caminhão, porteiro de uma emissora de rádio

Paulo Gracindo > voluntário na Revolução de 30 e revisor

Raul Longras > comissário de polícia e secretário da Legião da Boa Vontade

Renato Aragão > funcionário do Banco do Nordeste do Brasil

Renato Corte Real › vendedor de laranjas, taquígrafo, tradutor e professor de inglês

Roberto Carlos › figurante de cinema, auxiliar administrativo no Ministério da Fazenda

Rogério Cardoso › cantor de boleros, professor

Ronald Golias › vendedor, funileiro, ajudante de alfaiate, empregado de companhia de seguros, balconista, disc-jóquei da Rádio Cultura, aqualouco na Fantasia Aquática Musical

Sérgio Britto › médico obstetra

Sérgio Chapelin › bancário e balconista de padaria

Sílvio de Abreu › ator, vendedor de discos

Sílvio Luiz › juiz de futebol

Sílvio Santos › camelô, pára-quedista do exército, figurante, artista de circo

Suzana Vieira › dançarina de TV

Tarcísio Meira › auxiliar de escritório, oficial-de-gabinete do secretário de Justiça de São Paulo, escrevente do Tribunal de Justiça

Tião Macalé › *crooner* de orquestra

Tom Cavalcante › apresentador de telejornal no Ceará, jogador de futebol

Tony Ramos › repórter esportivo

Wagner Montes › açougueiro e garçom

Wilton Franco › pintor de parede

Xênia Bier › empregada doméstica, tecelã

TUPI-GUARANI/PORTUGUÊS (T)

Tabajara › o senhor da aldeia

Tantã › muito duro, rijo, resistente

Tara › espiga

Tatui › o rio dos tatus

Tijuca › o mesmo que lameiro, brejo, lamaçal

Tiririca › gramínea de haste muito fina e que se move ao menor sopro de vento

Toró › a casca grossa, o tatu-canastra

TRAVA LÍNGUA

Arara da Iara

Iara amarra

a arara rara

a rara arara

de Araraquara

Acredite em Alá, mas amarre seu cavalo.

PROVÉRBIO ÁRABE

RUGA

Do latim *rua*. Era a imagem da velhice sem nenhuma poesia: as rugas são as ruas do rosto.

O INFERNO DE DANTE

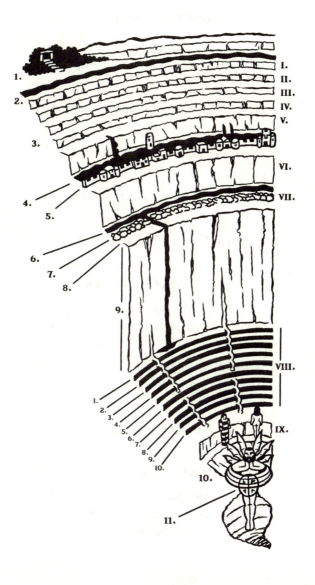

NÍVEIS DO INFERNO:

1. Vestíbulo
(portal de entrada)

2. *Rio Aqueronte:*
separa o mundo do mundo inferior

I. Primeiro Círculo/Limbo: PAGÃOS

II. Segundo Círculo: LUXÚRIA

III. Terceiro Círculo: GULA

IV. Quarto Círculo: AVAREZA | PRÓDIGO

V. Quinto Círculo: IRA

4. *Rio Estige: Rio que contornava sete vezes os*
Infernos e cujas águas tornavam invulnerável
quem nelas se banhasse.

5. *Dite: cidade envolta por muralhas que contém*
os restos do inferno, ou seja, os outros círculos.

VI. Sexto Círculo: HERESIA

VII. Sétimo Círculo: VIOLÊNCIA. Possui 3 giros.

6. *1ºgiro: Rio Flegetonte — rio de sangue*
fervente onde são torturados os que cometem
violência contra o próximo.

? | 178

7. *2°giro: Floresta das Harpias, onde são* punidos os suicidas, culpados de violência contra si mesmos.

8. *3°giro: Areão Ardente, onde estão* os violentos contra Deus e a natureza.

9. Abismo (Barranco)

VIII. Oitavo Círculo: MALEBOLGE. Possui 10 valas profundas.

1. sedutores e rufiões
2. aduladores
3. simoníacos (traficantes de religião, vendem e compram indulgências)
4. adivinhos
5. corruptos
6. hipócritas
7. ladrões
8. maus conselheiros
9. criadores de intrigas
10. falsários

IX. Nono Círculo: COCITO. Lago congelado. Contém o fosso dos gigantes

10. *traidores (da família, da pátria, de hóspedes, de benfeitores)*

11. Centro da Terra:

MORADA DE LÚCIFER, o senhor do inferno.

? | 179

COLETIVOS

Alcatéia de lobos, javalis, panteras e hienas.

Armada de navios de guerra.

Arquipélagos de ilhas.

Arsenal de armas e munições.

Assembléia de pessoas reunidas.

Atlas de mapas.

Baixela de utensílios de mesa.

Banca de examinadores.

Banda de músicos.

Bando de pessoas em geral, de aves, de ciganos, de bandidos.

Batalhão de soldados.

Bateria de peças de guerra, de cozinha, de instrumentos de percussão, de perguntas.

Biblioteca de livros catalogados.

Bosque de árvores.

Buquê de flores.

Cabido de cônegos.

Cacho de bananas, de uvas.

Cambada de coisas penduradas no mesmo gancho ou de ladrões, malandros, moleques.

Cancioneiro> de canções, de poesias líricas.

Caravana> de viajantes, de estudantes, de peregrinos.

Cardume> de peixes.

Cinemateca> de filmes.

Claque> de pessoas pagas para aplaudir.

Clero> de sacerdotes em geral.

Colégio> de eleitores, cardeais.

Coletânea> de textos escolhidos.

Colônia> de imigrantes, de bactérias, de formigas.

Comunidade> de cidadãos.

Concílio> de bispos convocados pelo papa.

Conclave> de cardeais reunidos para eleger o papa.

Congresso> de deputados, de senadores, de diplomatas, de cientistas, de estudiosos.

Consistório> de cardeais presididos pelo papa.

Constelação> de astros, de estrelas.

Cordilheira> de montanhas.

Corja> de pessoas ordinárias em geral: corja de bandidos, assassinos, bêbados, vagabundos.

Coro> de anjos, de cantores.

Discoteca> de discos ordenados.

Elenco> de artistas, de atores, de jogadores.

Enxame> de abelhas.

Esquadra> de navios de guerra.

Esquadrilha> de aviões.

Fauna> de animais de uma região.

Feixe> de raios luminosos, de lenha.

Flora> de plantas de uma região.

Fornada> de pães.

Frota> de navios de guerra ou mercantes e de veículos pertencentes à mesma empresa.

Gado> conjunto de animais criados em fazenda.

Galeria> de quadros, estátuas e objetos de arte em geral.

Grupo> de pessoas ou coisas em geral: grupo de rapazes, de trabalhadores, de ilhas, de casas.

Hemeroteca> de jornais e revistas arquivados.

Horda> de indisciplinados, selvagens.

Junta> de dois bois, de médicos, de examinadores, de governantes.

Júri> de pessoas que julgam.

Legião> de soldados, de anjos, de demônios.

Leva> de presos, de recrutas.

Manada> de bois, burros, búfalos, cavalos, éguas, elefantes.

Matilha〉 de cães de caça.

Molho〉 de chaves, de verduras.

Multidão〉 de pessoas.

Ninhada〉 de pintos.

Nuvem〉 de fumaça ou de coisas de tamanho reduzido: nuvem de gafanhotos, de pernilongos.

Pelotão〉 de soldados.

Pilha〉 de coisas dispostas umas sobre as outras: pilha de livros, pratos, tijolos, discos.

Pinacoteca〉 de quadros.

Plantel〉 de animais de raça.

Praga〉 de insetos nocivos.

Prole〉 de filhos.

Quadrilha〉 de ladrões, de bandidos.

Ramalhete〉 de flores.

Rebanho〉 de gado de corte, leiteiro ou produtor de lã: rebanho de bois, cavalos, carneiros, ovelhas, cabras.

Réstia〉 de cebolas, de alhos.

Revoada〉 de qualquer ave em vôo: revoada de pardais, de pombos.

Roda〉 de pessoas.

Ronda〉 de policiais em patrulha.

Seleta〉 de textos escolhidos.

Tripulação〉 de marinheiros ou aeronautas.

Tropa〉 de muares.

Trouxa〉 de roupas.

Turma〉 de pessoas reunidas: turma de estudantes, trabalhadores, médicos.

Universidade〉 de faculdades.

Vara〉 de porcos.

Viveiro〉 de aves presas, de peixes confinados.

Vocabulário〉 de palavras.

ETIQUETA

A palavra, aproveitada do francês *étiquette*, deriva do teutônico *sticken*, que significa rótulo, tarja, bilhete de qualidade. O termo etiqueta foi usado durante os séculos XVI, XVII e XVIII para designar as regras formais a serem cumpridas na corte, tornando-se mais amplo com o passar do tempo. Na corte absolutista de Luís XIV, a burguesia emergente que ousava aproximar-se da vida palaciana recebia junto com os convites para cerimônias uma etiqueta, contendo sugestões de como se portar, a fim de evitar constrangimentos em público.

OS MAIORES VULCÕES DO MUNDO

VULCÃO · ALTURA(M)/PAÍS

Guallatiri.......................6.060 › Chile
Lascar..........................5.990 › Chile
Cotopaxi......................5.943 › Equador
El Misti ....5.880 › Peru
Demavend....................5.670 › Irã
Tupungatito..................5.640 › Chile
Nevado del Ruiz............5.401 › Colômbia
Sangay.........................5.230 › Equador
Cotocachi.....................4.937 › Equador
Klyechevskaya..............4.850 › Rússia
Puracé..........................4.700 › Colômbia
Pasto............................4.265 › Colômbia
Mauna Loa...................4.170 › Havaí, EUA
Colima.........................3.850 › México
Fuji..............................3.778 › Japão

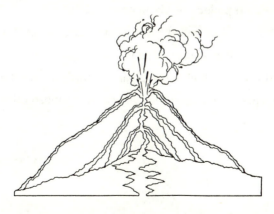

? | 185

MAHATMA GANDHI

Ao contrário do que muitos pensam, Mahatma não é um nome, e sim uma homenagem a Gandhi por suas ações. Significa "grande alma". Gandhi foi o arquiteto da independência da Índia do domínio inglês, preconizando a ação baseada na não violência. Seu verdadeiro nome era Mohandas Karanchand Gandhi.

EMINÊNCIA PARDA

A expressão tem origem na França e designa todo aquele que influencia governantes, exercendo o poder por via indireta.

O primeiro a merecer a designação foi o capuchinho francês Père Joseph que, apesar de ter sido o conselheiro principal do Cardeal Richelieu, sempre permaneceu na sombra, sem função oficial.

NOME DE GUERRA

A expressão que designa o nome pelo qual alguém se torna mais conhecido surgiu em tempos de guerra na França, por volta do século XVII. Primordialmente, o nome de guerra servia para ocultar a identidade dos soldados que porventura fossem capturados por inimigos.

MANDINGA

Mandinga foi a denominação atribuída pelos portugueses à costa ocidental da África no período das Grandes Navegações. O termo se tornou sinônimo de feitiçaria porque os exploradores lusitanos consideravam os africanos que ali viviam bruxos e adivinhos, pelo fato de estes terem dado indicações da existência de ouro na região.

DA GEMA

Ser da gema quer dizer ser genuíno, autêntico.

ILUSÃO DE ZÖLLNER

Como você vê as linhas? Retas e paralelas ou bem inclinadas?

Resposta na página 206

OS DEZ RIOS MAIS LONGOS DO MUNDO

EM MILHARES DE KM

1) Nilo, África	6,6
2) Amazonas, América do Sul	6,4
3) Ob-Irtysh, Rússia	5,5
4) Yang-tsé-kiang, China	5,5
5) Amarelo, China	4,7
6) Congo, África	4,7
7) Amur, Rússia	4,5
8) Lena, Rússia	4,3
9) Mackenzie, Canadá	4,2
10) Mississípi, América do Norte	4,0

ELEFANTE BRANCO

Refere-se a algo grande, oneroso e inútil. No antigo Sião, atual Tailândia, o rei costumava dar um elefante branco de presente a todo cortesão que lhe desagradasse, e este era proibido de passar o animal adiante, colocá-lo para trabalhar ou dar fim nele, já que o paquiderme era considerado sagrado. Além disso, o rei periodicamente fazia visitas surpresas a seus súditos, para verificar se o animal estava sendo bem tratado.

CHAUVINISMO

O termo chauvinismo originalmente se referia a Nicolas Chauvin, soldado francês do exército de Napoleão, cuja devoção ao imperador era considerada excessiva e irracional. Mais tarde, a palavra passou a ser empregada em diversas peças teatrais e obras literárias, sempre com o sentido de um patriotismo exagerado. Desde então, chauvinismo adquiriu um significado mais amplo, de superioridade presunçosa.

OZÔNIO

A camada de ozônio localiza-se na Estratosfera, entre 19 e 30 quilômetros acima da superfície terrestre. O ozônio é produzido quando a radiação solar energética atinge as moléculas de oxigênio, fazendo com que seus átomos se separem. Os átomos isolados unem-se então a outras moléculas de oxigênio, formando o ozônio. Este processo é conhecido como fotólise. O ozônio é responsável pela absorção da maioria dos raios UV, que podem ser prejudiciais à vida na Terra.

TUPI-GUARANI/PORTUGUÊS (u)

Um > preto, negro
Uruguay > o rio dos caramujos

QUADROS FAMOSOS

Eu e a vila (1911)
Marc Chagall, *russo*
MoMA - *Nova York.*

ESPORTES COM ANIMAIS

tourada | corrida de camelo | briga de galo

corrida de trenó de cães | pesca

corrida de cachorro | caça | corrida de pombos

pólo | rodeio | equitação

XADREZ: PEÇAS

1. **Rei** ⟩ pode mover-se em qualquer direção por uma casa

2. **Rainha** ⟩ pode mover-se em qualquer direção e por número indeterminado de casas, como um bispo ou uma torre

3. **Torre** ⟩ pode mover-se para frente, para trás e para os lados, por número indeterminado de casas

4. **Bispo** ⟩ pode mover-se para frente ou para trás sempre na diagonal, por número indeterminado de casas

5. **Cavalo** ⟩ pode mover-se por duas casas em qualquer direção — exceto na diagonal, e então por mais uma casa à direita ou à esquerda; movimento em L

6. **Peão** ⟩ pode mover-se apenas para frente por uma casa; somente no movimento inicial do jogo o peão pode andar uma ou duas casas

BRANCA

[chess board diagram]

PRETA

 1.   2.   3.

 4.   5.   6.

NOBLESSE OBLIGE

Expressão francesa que significa "nobreza obriga", isto é, que a aristocracia e a boa educação impõem ao indivíduo a obrigação de proceder nobremente, cumprir à risca seus compromissos sociais, mesmo quando enfadonhos.

O HÓSPEDE DO CRAVO

Cravos são aqueles pontinhos pretos que aparecem na pele, sinal de obstrução dos poros. Segundo alguns autores, existe um ácaro pequeno e alongado que gosta muito de morar dentro dos cravos... seu nome é *Demodex folliculorum*. Há controvérsias, porém, pois existem uns cravos com o bichinho dentro e outros sem.

CACÓFATOS

Som impróprio formado através da junção das sílabas de duas palavras, gerando um sentido equívoco e até obsceno:

Vez passada | Boca dela | Dormir já | Por cada

Nunca gostei | Ela tinha | Por razões

O time já | Marca gol | Conforme já

Semi-jóia | Como ela | Como herdeira

Paraninfo de | Bafo de | Vi ela

Já nela | Desculpe então | Havia dado

Uma mão | Amá-la

Substitua sempre que possível uma das palavras para impedir a formação do cacófato, ex.: Nunca gostei por jamais gostei.

Deus me defenda dos amigos, que dos inimigos me defendo eu.

VOLTAIRE

DENTE

1. Esmalte | 2. Dentina | 3. Polpa | 4. Cemento

DENTES PERMANENTES:

A. Incisivos | B. Caninos | C. Pré-molares | D. Molares

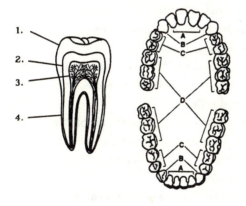

CORES DO OURO

OURO PURO+PRATA E COBRE 〉 OURO AMARELO
OURO PURO+NÍQUEL OU PRATA E PALÁDIO 〉 OURO BRANCO
OURO PURO+COBRE, PRATA E ZINCO 〉 OURO VERMELHO

DEUSES HINDUS

Deuses dos Vedas
Indra › deus do trovão, da batalha
Varuna › guardião da ordem; supervisor divino
Agni › deus do fogo
Surya › divindade associada ao sol

Deuses do Hinduísmo
Brahma › o criador
Vishnu › o preservador; tem dez encarnações, a saber:
1. *Matsya*, o peixe
2. *Kurma*, a tartaruga
3. *Varah*, o javali
4. *Barasunga*, o homem-leão
5. *Vamana*, o anão
6. *Parasurama*, Rama carregando um machado
7. *Ramachandra*, também Rama, carrega arco e flechas
8. *Krishna*, deus presente na Bhagavadgita; idolatrado como um bebê ou como um vaqueiro tocando flauta
9. *Buddha*
10. *Kalki*, "o que está por vir"

Shiva › deus da destruição
Ganesh › deus com cabeça de elefante, adorado como o deus da boa sorte, da fortuna
Hanuman › deus guerreiro, macaco, associado a Rama

Deusas
Durga › guerreira onipotente, também conhecida como Amba
Parvati › esposa de Shiva
Kali › deusa ligada à destruição
Lashmi › deusa da beleza, riqueza e fortuna; esposa de Vishnu
Saraswati › deusa do aprendizado, das artes e da música

CONCEITOS HINDUS DO UNIVERSO

Terra
Atmosfera
Céu

ou

Homens
Criaturas semidivinas
Deuses

ou

Inferno (território dos demônios)
Terra
Paraíso

BOLINHO DE CHUVA

Ingredientes para massa:

- 1 ovo
- 3 colheres de sopa de açúcar
- 1 xícara de chá de farinha de trigo
- 1/2 xícara de chá de leite
- 1 colher de sopa de fermento em pó
- óleo para fritar
- canela

Preparo:

1. Bata o ovo e as três colheres de sopa de açúcar em uma tigela. Aos poucos, adicione a farinha de trigo alternando-a com o leite. Por último, junte o fermento e misture completamente.

2. Aqueça o óleo em fogo médio e pingue pequenas porções de massa - cerca de uma colher - para formar os bolinhos. Vire-os para que dourem por igual.

3. Coloque-os em papel absorvente à medida que ficarem prontos.

Cobertura:

Em um prato, peneire junto 1 xícara de chá de açúcar e uma colher de sopa de canela. Passe os bolinhos pela mistura e sirva no lanche ou no café.

O QUEBRA-CABEÇA DE SCOTT

Tire cópia desta página e recorte as três peças para com elas formar a letra E. Scott Morris criou este quebra-cabeça cuja solução implica combinações ilusórias das peças.

GLOSSÁRIO DA
TV BRASILEIRA

âncora › É o profissional responsável pela elaboração de um telejornal, que apresenta, comenta e participa ativamente de todo o processo. O termo surgiu no início dos anos 50 nos Estados Unidos.

color bars › São as conhecidas barras verticais coloridas que aparecem ao final da programação de um canal de TV. Na verdade, as color bars são um sinal de vídeo gerado eletronicamente, usado para referência e ajuste do equipamento da televisão a cores.

dália › Dália é sinônimo de "cola", ou seja, equivale às páginas dos scripts camufladas nos cenários para auxiliar as pessoas em programas ao vivo. O termo teve origem nos anos 50, na TV Tupi, quando o ator Fregolente (que não tinha boa memória) prendeu seu texto em um vaso de dálias. Desconhecendo a estratégia, o contra-regra trocou a toalha de mesa, também rabiscada, levando o vaso junto. Bastou o teleteatro começar, ao vivo, para que Fregolente, vendo seu plano ir por água abaixo, gritou: "Meus Deus do céu, minhas dálias! Onde estão minhas dálias?"

horário nobre ⟩ A expressão deriva do inglês *prime time*, referindo-se ao período entre 19 e 22 horas, no qual a audiência é maior. No Brasil, o nome "horário nobre" foi dado por Hilton Gomes, jornalista, apresentador e tradutor, ao final da década de 50.

jabá ⟩ A gíria, inventada por Haroldo Barbosa, é uma redução de "jabaculê". Basicamente, jabá se refere ao dinheiro pago "por fora" a um programador, diretor ou produtor de rádio e TV, para que este divulgue um certo artista ou música.

ponto eletrônico ⟩ O ponto eletrônico nada mais é que um aparelho de surdez adaptado a um sistema de som, para facilitar a comunicação entre um apresentador ou artista e um membro da técnica, evitando lapsos em cena. Seu idealizador foi o ator, autor e diretor Mário Brasini, que tinha a eletrônica como hobby.

teleprompter ⟩ É o dispositivo que exibe em uma tela o texto a ser dito por um apresentador, locutor ou ator, isto é, uma versão moderna da "dália". Na década de 50, a técnica usada por uma pessoa para ler um texto afixado próximo à câmera sem que o telespectador notasse chamava-se "olho duro".

? | 201

CERCA DE ARAME BARBADO?

Algumas pessoas, por não ouvirem direito, ou por não possuírem determinadas informações culturais, alteram certas expressões, provocando efeitos engraçados. Confira:

Nervos da cor da pele › Nervos à flor da pele
Ponho minha mãe no fogo › mão no fogo
Cerca de arame barbado › cerca de arame farpado
Vexame de abelhas › enxame de abelhas
Perdeu a loção do tempo › perdeu a noção do tempo
Garagem mediterrânea › garagem subterrânea
Nervo asiático › nervo ciático
Raios ultra-violento › raios ultra-violeta
Sou meigo no assunto › leigo no assunto
Ele é maquiavelho › Maquiavélico
Ele é muito presuntoso › presunçoso
Terreno baldinho › terreno baldio
Estrepe do carro › estepe
Defeito estufa › efeito estufa
O diabo aquático › diabo a quatro
Clinico Geraldo › clínico geral
Vou ao Dr. Ringo › vou ao otorrino
Cambada de ozônio › camada de ozônio
Depois da tempestade vem a ambulância › vem a bonança
Sistema de esquecimento central › aquecimento central
Luta por moradinha › luta por moradia
Armário enrustido › armário embutido
Bife-de-sete-cabeças › bicho-de-sete-cabeças

BANHEIRO

Dividir o banheiro requer sabedoria... ninguém precisa saber o que você estava fazendo por lá. Por isso:

> Tranque bem a porta;

> Ligue o rádio ou abra a torneira para abafar os sons;

> No caso dos rapazes, levantem a tampa, limpem os excessos (se houver) e abaixe-a ao terminar;

> Verifique se a descarga realmente funcionou (muitas vezes ela "devolve" o produto);

> Muita atenção ao lixinho, muitos crimes foram desvendados a partir do lixo, não deixe pistas;

> Risque um palito de fósforo, pois o cheiro de queimado absorve os odores;

> Verifique se a pia está limpa, jogando água para remover qualquer vestígio de pasta de dente, espuma, restos do fio dental, fio de cabelo etc.;

> Após o banho, feche os shampoos e condicionadores e apanhe cabelos das paredes ou ralos;

> Lave o sabonete, retirando toda a espuma e devolva-o impecável à saboneteira da pia ou do box;

> Pendure as toalhas e estique os tapetes;

E para manter sua saúde lembre-se:

> Lave as mãos ao chegar da rua, depois de brincar com animais, depois de pegar em dinheiro, antes e depois de ir ao banheiro, antes de comer, antes de passar o fio dental e antes de escovar os dentes.

SOLUÇÕES:

> **ILUSÃO DE CONTRASTE** *(página 14)*

Os pontos não são mais luminosos que os quadrados. Na verdade, não há diferença alguma. O que ocorre é que os quadrados pequenos de cor branca, por estarem sobre um fundo negro, propiciam o contraste de brilho entre cada quadrado pequeno e o fundo.

> **UMA ILUSÃO SIMPLES** *(página 30)*

Os segmentos verticais têm a mesma medida. Note que as linhas parecem mais compridas onde a estrutura do desenho é mais larga. Não se conhece, porém, uma explicação satisfatória para este efeito visual.

> **A MESA DE SHEPARD** *(página 38)*

Parece que se trata de um objeto tridimensional, ainda que o desenho não apresente volume. As arestas e os pés das mesas provocam a ilusão de perspectiva e consistência. Essa percepção tão poderosa demonstra que o cérebro não apreende aquilo que vemos de maneira objetiva. A ilusão de ótica das mesas foi criada por Roger Shepard, psicólogo da Universidade de Stanford, nos Estados Unidos.

> ❭ **ATENÇÃO: PONTUAÇÃO** *(página 55)*

Deixo a minha fortuna para o meu irmão, não para o meu sobrinho, jamais para o meu advoga- do, nada para os pobres.

Deixo a minha fortuna para o meu irmão não, para o meu sobrinho, jamais para o meu advoga- do, nada para os pobres.

Deixo a minha fortuna para o meu irmão não, para o meu sobrinho jamais, para o meu advoga- do, nada para os pobres.

Deixo a minha fortuna para o meu irmão não, para o meu sobrinho jamais, para o meu advoga- do nada, para os pobres.

> ❭ **ONDAS DE KITAOKA** *(página 60)*

As linhas são paralelas, apesar de parecerem tortas.

> ❭ **BALAÚSTRE FIGURADO** *(página 75)*

As figuras de perfil se encontram entre as colunas da galeria.

? | 205

› TENTE PONTUAR AS FRASES *(página 116)*

a) Matar o rei não é crime.

Matar o rei não; é crime.

b) Enquanto o padre pasta, o burro reza.

Enquanto o padre pasta o burro, reza.

c) Quando Maria toma banho de sol sua mãe diz:

– Traga água fria.

Quando Maria toma banho de sol, sua: –mãe! – diz –

traga água fria.

d) Ressuscitou; não está aqui.

Ressuscitou? Não; está aqui.

e) Traga seu carro usado, para nós ele vale o maior

preço do mercado.

Traga seu carro usado para nós, ele vale o maior

preço do mercado.

f) Um fazendeiro tinha um bezerro e a mãe. Do

fazendeiro era também o pai do bezerro.

› ILUSÃO DE ZÖLLNER *(página 188)*

As linhas são paralelas, apesar de parecerem tortas.

? | 206

BIBLIOGRAFIA

The Art of Looking Sideways
Alan Fletcher
Phaidon

The Look of The Century
Michael Tambini
DK Publishing, INC New York

Plantas Ornamentais no Brasil
Harri Lorenzi
Hermes Moreira de Souza
Editora Plantarum Ltda.

Dicionário Houaiss — da Lingua Portuguesa
Antônio Houaiss
Editora Objetiva

Novo Aurélio — O Dicionário da Lingua Portuguesa
Aurélio Buarque de Holanda Ferreira
Editora Nova Fronteira

Dicionário Etimológico — Nova Fronteira
Antônio Geraldo da Cunha
Editora Nova Fronteira

Dicionário Jurídico
Wagner Veneziani Costa e Marcelo Aquaroli
WVC — Editora

Dicionário da Origem das Palavras
Orlando Neves
Notícias — Editorial

Dicionário Brasileiro de Provérbios, Locuções e Ditos Curiosos
R. Magalhães Júnior
Editora Documentário

Dicionário de Suicidas Ilustres
J. Toledo
Editora Record

Dicionário do Folclore Brasileiro
Câmara Cascudo
Ediouro

Dicionário de Símbolos
Jean Chevalier e Alain Gheerbrant
José Olympio Editores

O Léxico de Guimarães Rosa
Nilse Sant'Anna Martins
Edusp — Editora da Universidade de São Paulo

Palavras e Origens — Considerações Etimológicas
Gabriel Perissé
Editora Mandruvá

Vocabulário Tupi — Guarani — Português
Silveira Bueno
Éfeta Editora

Quem é Quem — Na História do Brasil
Almanaque Abril
Editora Abril

Manual de Redação e Estilo
Eduardo Martins
O Estado de S. Paulo

Os Falsos Cognatos
Mário Mascherpe e Laura Zamarin
Editora Bertrand Brasil

Big Max — Vocabulário Corporativo
Max Gehringer
Negócio Editora

Enciclopédia de Curiosidades
Valdomiro Rodrigues Vidal
Editora Conquista

O Livro Ilustrado dos Símbolos
Miranda Bruce — Mitford
Publifolha

1001 Dúvidas de Português
José de Nicola e Ernani Terra
Editora Saraiva

Rixa
Almanaque da TV — 50 anos de Memória e Informação
Objetiva

O Islã
Paulo Daniel Farah
Publifolha

Gramática — Texto, Reflexão e Uso
William Roberto Cereja
Thereza Cochar Magalhães
Atual Editora

Vinho — Para Leigos
Ed McCarthy, Mary Ewing — Mulligan
Editora Mandarim

O Pãozinho se Parte com as Mãos
Célia Ribeiro
L&PM — Editores

Etiqueta sem Etiquetas
Bárbara Virginia
Edições Loyola

O Livro Completo de Etiqueta
Amy Vanderbilt
Editora Nova Fronteira

Chic — Guia Básico de Moda e Estilo
Gloria Kalil
Editora Senac

Moléculas em Exposição
John Emsley
Editora Edgard Blücher Ltda.

Sebastiana Quebra-Galho
Nenzinha Machado Salles
Editora Record

The World of Order and Organization
Barbara Ann Kipfer
Gramercy Books

Isaac Asimov's
Book of Facts
Wings Book

La Mirada Fantastica / El Ojo Habla
Al Seckel e H Kliczkowski
Illusion Works — Only Book — Madrid

Shott's Original Miscellany
Ben Shoott
Bloomsbury Publishing Plc — Londres

O Kitsch
Abraham Moles
Editora Perspectiva

Guia Valor Econômico — De Finanças Pessoais
Editora Globo

Quimica Volumes 1, 2 e 3
Vera Novais
Atual Editora

História do Brasil
Boris Fausto
Edusp — Editora da Universidade de São Paulo

Fundamentos da Biologia Moderna
Amabis & Martho
Editora Moderna

O Grande Livro das Curiosidades
Amir Mattos
Editora Leitura

Almanaque Abril
Brasil/ Mundo
2003
Editora Abril

Pedras Preciosas
Cally Hall
Ediouro

O Livro do Trava-Lingua
Ciça
Editora Nova Fronteira

1001 Plantas e Árvores
Edição Especial Natureza
Editora Europa

Dicionário Visual Michaelis Tech
Jean Claude Corbeil e Ariana Archambault
Editora Melhoramentos

Duailibi das Citações
Roberto Duailibi
Mandarim, 2000 SP

Regras Oficiais de Futebol 2002-2003
Confederação Brasileira de Futebol
Sprint, RJ

World Football Yearbook 2002-2003
David Goldblatt
DK - Dorling Kindersley - Londres

Reflexões
Paulo César Botelho
Ed. do Autor - Recife - 2004

Start Exploring Masterpieces
Mary Martin e Steven Zorn
Running Press 1990 London

A Century of Car Design
Penny Sparke
Mitchell Beazley - Inglaterra - 2002

Almanaque de Bichos que dão em Gente
Sonia Hirsch
Correcotia - Rio de Janeiro - 1998

ÍNDICE

A história da aspirina, 61

A mesa de shepard, 38

A palavra é de prata o silencio é de ouro, 165

A semana de arte de 1922, 11

Ábaco, 78

Abracadabra, 27

Abreviações latinas, 15

Alfabeto, 54

Algarismo romano, 46

Algumas terminologias musicais, 64

Aloe vera 47

Animais mais rápidos, 74

Antes da fama, 172

Antropofagia, 95

Aprendiz de feiticeiro, 110

As bem-amadas, 83

As maiores ilhas, 24

As nove musas, 7

As sete colinas de Roma, 111

Asa-delta, 88

Assassinos, 131

Atenção: pontuação, 55

Atenção, 19

Aterrissar em segurança, 58

Ateu X diagnóstico, 15

Azeite de manjericão, 90

Azul do klein, 203

? | 213

Baile da ilha fiscal, 40

Balangadã, 16

Balaustre figurado, 75

Banheiro, 203

Baratas, 148

Bichos do horóscopo chinês, 137

Biriba, 47

Boi na linha, 164

Bolchevique, 58

Bolinho de chuva, 198

Bolsa de valores, 139

Breve contra a luxúria, 164

Brindando pelo mundo, 89

Bungee jump, 87

Cacófatos, 194

Cada louco com sua mania, 120

Cadeira wassily, 7

Cafeína, 163

Camélia, 78

Canyoning, 87

Carbono 14, 133

Carpe diem, 100

Carros famosos e seus designers, 46

Cassandra, 105

Cavalos famosos, 11

Cavalos, 150

Caviar, 43

Caving, 86

Cerca de arame barbado?, 202

? | 214

Chauvinismo, 190

Código de barras, 86

Coletivos, 18

Como funciona um micro-ondas, 21

Como limpar ouro e prata, 67

Como limpar seus brilhantes, 140

Como um fax chega até você, 104

Conceitos hindus do universo, 197

Cores do ouro, 195

Corte das pedras, 141

Cozinha japonesa, 146

Cruzes, 52

Da gema, 187

Dados elétricos, 28

De quanto vinho você precisa, 12

Dente, 195

Deuses hindus, 196

Diamante, 140

Economês, 100

Elefante branco, 189

Elementos químicos da terra, 44

Eminência parda, 186

Emoticons, 151

Esportes com animais, 191

Estilos de arte, 80

Etiqueta, 184

Eu te amo, 17

Evite redundâncias, 138

Evolução, 91

Experiência Coca *light* X Coca-Cola, 73

Falsos amigos espanhol, 9

Falsos amigos francês, 152

Falsos amigos inglês, 68

Falsos amigos italiano, 114

Fase gauche, 39

Fênix, 112

Flores das arvores, 92

Flores de anversário, 84

Fragrâncias, 164

Fundação das grandes lojas parisienses, 135

Futebol a regra do impedimento, 122

Gabriel, 149

Garfo impossível, 20

Gato ou rato, 161

Geração, 167

Ginseng, 42

Glossário da TV, 200

Gol de placa, 112

Grã-fino, 154

Hierarquia satânica, 53

Hobby, 144

Iatismo, 88

Ícaro, 52

Ilusão de contraste, 14

Ilusão de ouchi, 145

Ilusão de zöllner, 188

Ilusão dentro da outra, 118

Ilusão simples, 30

Ilusão, 162

Impressão digital, 25

Indução X dedução, 143

Influência do árabe no português, 127

Jiu-jitsu, 45

Jóias comemorativas de casamento, 84

Kalunga, 148

Kitesurf, 88

Kosher, 66

Kung fu, 46

Lacoste, 143

Lampião, 74

Limpar camurça, 91

Lista negra, 124

Literatura brasileira, 166

Máfia cosa nostra, 128

Máfia, 129

Mahtma Gandhi, 155

Maiores cidades, 150

Manager, 55

Mandinga, 187

Maria: nome de rainha, 31

Marsupial, 29

Mecenas, 106

Metonímia, 155

    de esportes, 171

Minha vó tem muitas jóias, 43

Móbile, 44

Morfeu, 85

Não confunda, 143

Narciso, 79

Negócio da China, 72

No creo em brujerias, 125

Nó da gravata borboleta, 113

Nó da gravata, 149

Noblesse oblige, 193

Nome de guerra, 187

Nonada, 48

Nota de Edvard Munch, 51

Nouvelle vague, 111

O hóspede do cravo, 194

O inferno de Dante, 177

O quebra cabeça de scott, 199

O sincretismo dos orixás, 134

Ombudsman, 29

Os dez rios mais longos do mundo, 189

Os maiores lagos do mundo, 168

Os maiores vulcões do mundo, 185

Os sete mares, 147

Ozonio, 190

Palindromos, 186

Pandora, 144

Paradoxo, 138

Pato ou coelho, 28

Pé rapado, 49

Peças de Sheakspeare, 126

Pedras do mês, 132

pH, 50

? | 218

Pipoca, 128

Pistolão, 106

Placas tectônicas, 117

Placebo, 21

Plim-plim, 113

Pomo da discórdia, 26

Ponte aérea, 45

Primeiro carro roubado, 107

Psitacismo, 99

Quadros famosos - Amadeo Modigliani, 67

Quadros famosos - Paul Cézane, 125

Quadros famosos - Marcel Duchamps, 39

Quadros famosos - Edvard Munch, 51

Quadros famosos - Jan Van Eyck, 107

Quadros famosos - Leonardo da Vinci, 165

Quadros famosos - Marc Chagal, 191

Quadros famosos - Picasso, 79

Quadros famosos - Pierre Auguste Renoir, 59

Quadros famosos - Sandro Boticcelli, 139

Quadros famosos - Paul Gauguin, 95

Quadros famosos - Vincent Van Gogh, 25

Quantos drinques há em uma garrafa, 12

Radical, 124

Rafting, 87

Rasputin, 8

Reebok, 22

Relâmpagos, 169

Rótulo de vinho, 13

Royalty, 161

? | 219

Ruga, 176

Safári, 8

Sangue, 73

Seqüência de eventos que geram um terremoto, 116

Sétima arte, 129

Sic, 94

Simbiose, 131

Simetria, 90

Sinalização para decolagem e pouso de aviões, 105

Sinergia, 136

Spa, 170

Suicidas ilustres, 156

Tabela gasto calórica, 96

Tae Kwon Do, 45

Tamanho de roupas e equivalências, 108

Tango, 18

Televisão: como as imagens chegam até você, 71

Tente pontuar as frases, 116

Termos jurídicos, 32

Tipo de massas, 130

Trajes de festa, 22

Trava língua Arara, 176

Trava língua Mafagafos, 26

Trava língua Pedro, 167

Trava língua Sapo, 26

Trava língua Tempo, 66

Trava língua Tigres, 163

Tulipomania, 119

Tupi-guarani A, 10

Tupi-guarani B, 42

Tupi-guarani C, 62

Tupi-guarani E, 72

Tupi-guarani G, 72

Tupi-guarani H, 106

Tupi-guarani I, 124

Tupi-guarani J, 136

Tupi-guarani M, 142

Tupi-guarani P, 154

Tupi-guarani R, 161

Tupi-guarani S, 170

Tupi-guarani T, 176

Tupi-guarani U, 190

Vaidade pesa, 50

Você já viu este filme, 56

Você tem medo de que, 76

Xadrez, peças, 192

Este livro foi composto na tipologia Indispose
em corpo 13/15 e impresso em papel off-white
70g/m^2 no Sistema Cameron da Divisão Gráfica
da Distribuidora Record.

Seja um Leitor Preferencial Record
e receba informações sobre nossos lançamentos.
Escreva para
RP Record
Caixa Postal 23.052
Rio de Janeiro, RJ – CEP 20922-970
dando seu nome e endereço
e tenha acesso a nossas ofertas especiais.

Válido somente no Brasil.

Ou visite a nossa *home page*:
http://www.record.com.br